学校治理：解读与锦囊

王华斌　著

广东高等教育出版社
Guangdong Higher Education Press
·广州·

图书在版编目（CIP）数据

学校治理：解读与锦囊/王华斌著. —广州：广东高等
教育出版社，2019.8

ISBN 978 - 7 - 5361 - 6585 - 4

Ⅰ．①学…　Ⅱ．①王…　Ⅲ．①学校管理 - 研究

Ⅳ．①G47

中国版本图书馆 CIP 数据核字（2019）第 188894 号

出版发行	广东高等教育出版社
	地址：广州市天河区林和西横路
	邮政编码：510500　电话：（020）87553335
	http://www.gdgjs.com.cn
印　　刷	深圳市建融印刷包装有限公司
开　　本	787 毫米 ×1 092 毫米　1/16
印　　张	12.25
字　　数	226 千
版　　次	2019 年 8 月第 1 版　2019 年 8 月第 1 次印刷
定　　价	46.00 元

序

　　我与深圳市福田区莲花小学有不少的缘分，王校长 2017 年到任后，我在多次深、港交流活动中了解到该校的发展和王校长的办学理念，他在学校教学、学校管理等方面都有独特的看法和实践。如今王校长以自己的学识经验结集成书，分享其学校治理心得，定会让很多教育工作者有所裨益。

　　书中的内容从学校的宏观目标、学校制度到团队建设、执行文化的形成乃至微观的管理细节均有论述。在每个章节中均有图表简介，能够让读者清晰地了解每一章、节间的逻辑关系，在每一小节中都有独到的关键词解读和锦囊妙解。"锦囊妙解"中引用了不少中外名家的名言警句，或以故事形式说明细节，令读者更容易领受王校长的心得。

　　其中在人事管理中提及"如何有效扼制'不和谐者'"，王校长敢于面对在公立学校管理的一个大难题，实事求是讲出道理，并提出他的解决方法：理智鉴别、以身作则、适当惩治、换个环境、绝不妥协，这种处事方式确实可作学校管理者的参考。

　　在"教师培训做到有的放矢"这方面，亦与香港学校管理中的教师培训目标相一致，即与学校整体目标配合，而不是随个别学校领导或教师的兴趣和利益。如果学校邀请了一些与学校发展不太相关的专家学者做讲座，纵使精彩，也只是片刻的掌声，与学校发展无关，其实是浪费教师时间，亦不利于学校共同愿景的形成。

总括而言，本书可以作为一个有系统的治校方略学习，按顺序详细阅读，可领受王校长的学校治理方面的整体理念；亦可以按章作专题项目的指引和参考。无论整体或专题阅读，都希望读者能在这本书中得到知识、技巧和启发，并将其有效应用于实践，造福莘莘学子。

许为天博士

2019 年 3 月

前　言

　　师之善在于教，治之善在于理。许多同仁跟我交流这样一个问题：教师职业倦怠和留任职业意愿倾向不高的原因是什么？我认为：行业的新选择是一种背叛，教师留任意愿不高，肯定有难言之隐，就如职业倦怠一样，没有了行走的动力。我想，万变不离其宗，通常这跟两样东西有关：钱和爱。人无外乎有两大需求：一种是现实需求；另一种是灵魂需求。满足得越多，忠诚度就越高。那么，如何满足教职员工的两大需求呢？

　　第一，绩效机制——给钱。能有本事让多少教师操心，学校就会变得有多优秀！你有本事让多少人操心，你的事业就变多大！自利和利他都是人的本性。自利则生，没有自利，人就失去了生存的基本驱动力；利他则久，没有利他，人生和事业就会失去平衡并最终导致失败。教师所关心的不是学校的问题，关心的永远是自己的目标。要想成就事业，必须要有"利他心"，要明白，不是你能利用多少人，而是你能给多少人带来利益。

　　第二，塑造愿景——给爱。我们来看看"愿景"这两个字。先看"愿"字："愿"字上面是个"原"，下面是个"心"，意思是说："原来这是我的心。"再看"景"字：百度有三种解释："一、名词：日光；二、动词：仰慕；三、形容词：大的。""愿景"合起来就是："原来这是我的心，是我内心深处的一种愿望，散发出令人仰慕的巨大光芒！"

　　学校治理首先要坚持社会主义属性。要确保教育为党育人的立场不能动，为国育才的责任不能改，为民服务的初心不能变。要树立科学的教育观念。坚持德育为先，把立德作为育人的首要任务，构建一体化德育体系；坚持全面发展，落实"五育"并举，全面培养，增强学生综合素质；坚持面向全体，办好学校、教好每名学生，做到有教无类、因材施教；坚持知行合一，注重学思结合、学以致用。因此构建良好的教育生态系统需要学校具有感召人的办学愿景与学校文化，规范人的常规制度与科学治理，和谐人的人际关系与校风学风，激励人的团队协作和良性竞争，吸引人的课堂变革与师生关系，发展人的教师梯队与团队建设，诱惑人的办学质量与特色课程。

一所优质学校开办得如何，需要从环境创设到位了没有、师生的头脑解放了没有、人的主体性发挥了没有、因材施教兑现了没有等方面考量。这几个标准是对国内外已有的情景教育模式、成功教育模式、主体性教育模式、启发式思想模式、因材施教模式、相机而敏策略模式的总体概括和全面提升。

在当前基础教育改革的进程中，特别是新课程、新教材重新梳理整合的新时代，如何制订适合学校的发展规划，如何实施行之有效的治理，如何使学生做到对人能感激、对物能爱惜、对事能负责、对己能严格，如何把学校建设成为"书香飘逸的学园、精神感应的公园、绿色文明的家园、特长营造的田园"。这需要我们教育者"躬行践履"。

学校治理无小事。好校长有多元角色，既是领导者，又是管理者和服务者；好校长需要具有坚持原则、担当责任、坚守承诺、结果导向、决不放弃、独立人格的修为来开展工作，在充分运用尊重、授权、督促、制约、信任、激励、保护、肯定、努力、善待等方式基础上把工作落细、落实、落好，让教职员工知其职、明其责。千斤重担众人挑，人人头上有目标，做到知行合一。一个人走，可以走得很远，但一群人走，会走得更远，且思且行方能留下深深的痕迹。本书是我在管理岗位 20 余年的践行与思考，或可为同仁提供实践参考。

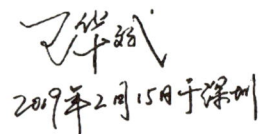

2019年2月15日于深圳

目　　录

第一章
学校的目标

　　如何推进一所学校的发展，关键不是看学校处于何地，而是看学校前行的方向。就如同航海中的灯塔，不仅指引航行的方向，还能提供精神动力。以此鼓励教师为学校勠力奋进，找到"切入点""关键点"，出手才能"打"到关键处，甚至可以举一反三，震撼其余。我们需要通过细致调研，找准"切入点""关键点"，以便不做则已，要做就要有好的效果。所以作为校长，需要拿出治校方略，形成规划和行动纲领，而行政人员和教师则要做好阶段性、定量性目标。这样才能充分地发挥好每位教职员工的能动性，为学校的整体发展目标而奋斗。

第一节
教师参与学校目标的策划

教师参与学校目标的策划

"爱"
"诚"
"信"　　　　一、如何树立教师的"主人翁"精神
"严"
"参"

　　　　　　　　　　积极的引导
　　　　　　　　　　榜样的力量
二、如何激发教师的使命感　正确的指导
　　　　　　　　　　平台的创设

爱心
知心
匠心　　　三、如何培养教师的事业心
好学心

　　　　　　　　　　适应期
　　　　　　　　　　成长期
四、策划好职业生涯，找到　成熟期
自己的方向定位　　　　高原期
　　　　　　　　　　超越期

不过多干涉
不布置细节
心态需归零　五、让教师参与学校治理
路径要多元

　　学校目标的确定，需要教师的积极参与，首先要明确什么是教育，什么是知识，什么是学习，什么是学校，什么是教师，什么是好校长。

　　教育是什么？我们在纠缠"起跑线"的时候，全球教育已经发生了很大变化。爱因斯坦认为："教育就是当一个人把在学校所学全部忘光后剩下的东西。"教育是心灵与心灵的沟通，灵魂与灵魂的交融，人格与人格的对话。在教学上体现为传授知识和发展能力是少不了的，塑造个性和培养抱负是丢不得的；在德育上体现为上不封顶、下要保底，纪律要有、理想要讲。孩子为别人的期待而学的时候，内心发育就被社会期待工具化。① 一个人内心不丰盈，如何外溢于他人？遑论社会。教而不育，受教者必然沦为"教"的附庸。教育之"育"，应该从尊重生命开始，使人性向善，使人胸襟开阔，以唤起自身美好的"善根"。要走出"赢在起跑线"的囚徒困境，唯有重新定义教育的"终点线"该在哪里。教育的一大目的就是引导学生成为更好的自己，这也是人的意义。教育不仅仅是对知识的学习，更重要的是对生命的尊重，这取决于首先保证学生是活生生的人。当我们把学生当成容器进行机械地灌输知识的时候，教育的本义已荡然无存，教育不是灌满一桶水，而是点燃一把火。

　　知识是什么？美国学者福克斯指出："在了解杜威的知识是什么的回答时，我们记住的重要事情是，除了过程，这个问题是没有意义的。杜威认为，除了探究，知识没有别的意义。……当指出那种未确定的情境中的各种要素，使它们成为一个确定的情境，最后成为一个统一的整体时，经历这个过程的探究者就获得了知识……知识绝不是固定的、永恒不变的，它是作为另一个探究过程的一部分，即作为这个过程的结果，同时又是作为另一个探究过程的起点，它始终有待再考察、再检验、再证实，如同人们始终会遇到新的、不明确的、困难的情景一样。"② 在教育活动中，知识的价值是育人的养料，学习知识是为了人的成长。知识在此是手段、工具，人的发展与成长才是教育的不可替代的、独特的目的。把教知识看作是目的，是错把教育活动中不可缺少的"手段""养料"以及被使用的"物"当成了目的，是教育中见"物"不见"人"的突出表现。在此意义上，"教书"与"育人"不

---

　　① 范蕊."教育就是忘记了在学校所学的一切之后剩下的东西"：从爱因斯坦《论教育》中想到的［J］.教书育人，2004（10）：8-9.

　　② 陈家斌.论杜威教育哲学的思维方式：兼论基础教育课程改革［J］.湖南师范大学教育科学学报，2008（4）：81-86.

存在并列关系，也不会自然转化，而且"教死书"还会"把人教死"。① 总之，知识既可以成为创造力的翅膀，又可以成为创造力的掣肘。

学习是什么？影响学习的唯一重要因素，就是学习者已经知道了什么。学习既是获得知识又是生活的一种形式，预期性和参与性是创新学习的两个基本观念。

学校是什么？学校教育既有培养创造力的力量，也有扼杀创造力的力量，我们需要创建新型的实施基础教育的学校，从根基开始实现学校教育的转型。因为，现有中小学生的发展基本上是教师主宰，学生在校的生存方式基本上是被动应答。所有这些，都与教师观有关联。

那么教师又是什么？叶澜指出："由于教师所教授的知识在性质上属于人类已有的知识、被公认的真理，故教师的职业被认为是传递型而非创造型的职业，这种认识的久远与普遍已达到了如此深刻的程度，它不仅成为社会公众心目中教师职业性质的定位，而且成为教师群体自我认同的职业定位。"在学校中，大多数教师把自己的身份定位为某一门学科的教师。他们把业务发展的主要途径视为钻研教材、更新学科知识或提高与学科相关的学历层次，把"根"扎在他们不参与创造、仅承担传递任务的学科知识及能力的提高中。这样的发展，对教师职业本身的意义而言，积极的方面充其量只是使教师的学科知识不落后于被传递知识领域的发展水平，在教学中，不传递陈旧的或被证明错误的知识，做一个跟得上学科发展的传递者。他们往往负责、认真、勤恳、踏实，他们也常常以这样的标准去要求学生、管理学生，把学生的任务主要定位在学知识、学本领、学习人类已有的文化上，而探索与创造自然也就与学生无缘了。

师生在校的生存方式在不同的层面上都呈现了被规定的特征，他们是面向过去，即面向人类的已有领域，而不是面向未来，即面向需要发现和创造、探索的领域。如此的角色定位规定了他们的生存方式主要是被动适应和吸纳，即使有主动，也被限于主动学习的范围之内，或者少数特殊人才身上。可见，不改变教师对职业性质的认识，不实现教师的精神解放，不激活教师精神生命的活力，就不可能有真正意义上的、直接面对学生的教育实践的转型，也不可能还给学生精神生命发展的主动权。

教师精神生命在职业生活中的激活与焕发，首先需要重新认识教师职业的性质，跳出知识传递者的角色定位。② 让教师参与到学校发展目标的策划中来，以认识到教师职业的本质是创造人的精神生命，才可以把创造还于教师职业。

---

①② 叶澜. 教师职业的本质［J］. 教育科学论坛，2002（2）：1.

好校长是什么？好校长应当是时代精神的引领者，应该是社区民风的教化者，应该是教学研究的策划者，应该是具有人格魅力的领导者，应该是教育规律的践行者。

一、 如何树立教师的 "主人翁" 精神

关键词解读 ▶ "主人翁" 精神

"主人翁" 精神是指一种创造性的精神，它需要教师运用自己的判断力，去解决教育教学、家校合作等管理中面临的种种困难和问题；需要教师运用自己的专业素养、职业自豪感、自信心和责任心去创造教育中的奇迹①。我们都希望校长和教职员工均能以主人翁的态度去面对各种教育教学任务，担负起责任和使命。

锦囊妙解 ▶

要使教职员工树立"主人翁"精神，有五个关键词：爱、诚、信、严、参。

1. 爱

作为校长要站在教师的立场，真心实意地关心教师，让教师感受到来自校长和学校的爱。为教师办实事，解决他们的实际困难，把温暖送到每位教师的心坎。无论是校长、中层管理者还是一线教师，我们的大部分时间和生活都在学校，实际上学校就是我们的"家"，在这个大家庭中，"爱"才是充满温情和温度的原生力量。来自一个校长的关爱越多，教师工作积极性就越高，工作效率也就越高。

2. 诚

"诚"是建立健康和谐人际关系的基础。"精诚所至，金石为开。"只有真正做到真心诚意，管理者与被管理者之间才能互相理解，校长与教师之间才能互相信任和彼此尊重。遇到困难，开诚布公，与教师协商解决；看法不一，与教师推心置腹，彼此交换意见。"投之以桃，报之以李"，坦诚相待，不欺哄瞒骗，学校的工作才会赢得教师的充分理解和信任。

---

① 胡继雄. 学校管理要以激发教师创造力为核心：学校管理工作的实践与思考[J]. 科学咨询·教育科研，2010（6）：18.

3. 信

"信"就是信任，"从未被人谈起的事就是信任所扮演的重要角色。"①信任教师是保证其发挥主动性、积极性和创造性的前提。校长在治理一所学校的过程中，疑心重，对教师妄加掣肘，势必极大地挫伤他们的工作热情。给予教师充分的信任，鼓励他们勇挑重担，对他们偶尔出现的失误，不是横加指责，而是帮助他们寻找原因，让其卸掉思想包袱，轻装上阵，凭借自己的能力解决工作中的问题。你想使一个人变得可靠，唯一的方法就是信任他。信任是一种常为人忽视的黏胶，但它能真正组织新的学校文化。

4. 严

"严"就是严格要求。严格要求是爱护教师的另一种具体表现，思想上严格要求可保证教师不致迷失人生的航向。业务上严格要求可促使教师在工作岗位上迅速成长。如果校长搞庸俗的好人主义，对教师的缺点错误不是善意地批评指正，而是不闻不问，甚至纵容，这与其说是对教师的"爱"，毋宁说是对教师的"害"。

5. 参

"参"就是参与。教师的主人翁精神不是天然形成的，作为学校决策者，要引导教师积极参与治理决策，鼓励教师发表不同的意见。校长应从不同意见中汲取"营养"，以避免出现片面的看法和"我是对的，他是错的"的想法，从而保证决策的民主性和科学性。只有充分调动教师的积极性和创造力，才能提高管理的效益、效能与效率。

二、 如何激发教师的使命感

关键词解读 使命感

习近平总书记说："维护师道尊严，教师要增强成为好老师的使命感。"② 使命感是个体对所肩负职责与使命的认同和内化，表现为个体对自

---

① 霍尔. 信任的真相［M］. 宫照丽，译. 上海：东方出版社，2010.

② 陈宝生. 让教师成为让人羡慕的职业——深入学习贯彻习近平总书记在八一学校看望慰问师生时的重要讲话精神［EB/OL］. http://opinion. people. com. cn/n1/2016/1208/c1003－28933292. html.

身、他人、民族、国家和社会利益的积极态度和责任感。教师职业使命感是教师对国家及社会赋予自己的教书育人、培养人才等职责、任务的认同和内化心理。使命感是促使人们采取行动，实现自己理想的心理状态，是决定人们行动取向和行为能力的关键因素。教师的使命感深植于内心，体现教师对社会和学生发展的关心。教师的使命感需要社会文化的滋养，而尊师重教的社会文化环境反过来又强化着教师的使命感。

锦囊妙解

作为一所学校的校长，要激发学校教师的使命感，有四个关键词：积极的引导、榜样的力量、正确的指导、平台的创设。

1. 积极的引导

在学校里，教师也是分为不同群体的。有男教师、女教师、班主任、非班主任、年轻教师、骨干教师等。而学校管理层应该有意识地、各有侧重地面向不同群体进行使命感的引导。适当注重对男教师的职业认同引导；加强对教师职业使命的宣传；提升非班主任教师在工作内容、岗位职责方面的要求；帮助年轻教师，特别是低职称教师和非骨干教师更好地实现职业发展，体验更高的职业效能，产生更强烈的职业使命，进而实现思想认知与职业行为的同步协调。

2. 榜样的力量

学校应借助多种自媒体平台、微信公众号、社会媒体等多种途径，积极开展教育使命感的宣教，发挥好催化功能，树立骨干教师的先进典型，在年轻教师中进行职业效能、操守、价值观等的榜样教化，用榜样的力量强化职业使命感。同时，让教师承担教育职责，担当教育任务，将自身的职业行为与思想、意识层面的职业认同统一和协调起来，在感受教育成就的过程中体会到更强的职业使命感。

3. 正确的指导

学校可以通过教师专业培训的方式，开展教师职业生涯发展指导。在教师培训上，通过指导广大教师，特别是年轻教师在深刻而全面评估自我性格、能力、特长、价值追求的基础上，合理确定自己的职业发展目标，唤起他们从事教师职业的使命意识，引导他们依循教师成长轨迹，努力成就自己的职业生涯，坚守教育事业，并在职责担当和利他奉献中实现个人的价值。

4. 平台的创设

拥有职业使命感的人已经达到了职业认同，会更大程度地专注于自己的职业发展，并且在职业上具有更强的信心。学校可以根据校情和实际情况，建构适用于不同教师群体的发展平台，比如工作室、工作坊、学科委员会、学术委员会等，以激发教师的获得感和价值感，真正实现人尽其才，物尽其用，唯才是举。

三、 如何培养教师的事业心

关键词解读 事业心

事业心是一种坚定的职业信念，是对自己从事职业执着的追求。事业心是成事之基，是一个人成长进步之本，是高品位人格的核心和灵魂。教师作为育人主体，应有忠于本职工作的事业心，倾心于本职工作的责任心，敬重本职工作的荣辱感，眷恋本职工作的使命感。事业心强的教师，指导思想端正，工作热情高，工作要求严，善于创新方法，善于破解难题，个人业绩就显著，个人成长就快，在师生中享有崇高的威望。一所学校，拥有一大批爱岗敬业、事业心强的教师，学校就能发展壮大，教学教研就能上水平、出大师、出人才。

锦囊妙解

作为一所学校的校长，要培养教师的事业心，主要抓住四个关键词：爱心、知心、匠心、好学心。

1. 爱心

陶行知先生曾说："没有爱，就没有教育。"一所学校，没有爱，就没有教育，爱意味着更多的尊重、理解、关怀和期待。拥有有爱心的教师，能促使学校成为真实、有温度的学校。教师的爱心体现在教师对学生高尚的、负责的、道德的专业意识、专业情感和专业态度上，它将人类最崇高的感情倾注到培养人的事业中，是教师职业情感的灵魂。教育对于教师来说是一份崇高的事业，而不仅仅是一份养家糊口的工作，教师需要用加倍的爱心对待每一个学生，使学生拥有正确的学习、生活态度，具备正确的价值观。

2. 知心

《学记》云："知其心，然后能救其失也。"① 陶行知则说："真教育是心心相印的活动。"② 常言道："人之相识，贵在相知；人之相知，贵在知心。""知心"二字，不仅仅体现在教师与学生之间，也体现在学校管理者与教师之间。教师离开了对学生心理的把握，学校管理者离开了对教师心理的把握，所有的教育活动只能是隔靴搔痒。教育关乎人性的塑造，人性有多复杂，教育就有多复杂；教育直指人的心灵，心灵有多微妙，教育就有多微妙。所以，校长应该与教师沟通、沟通、再沟通，成为一位优秀的"知心者"。

3. 匠心

在《现代汉语词典》中，"匠心"被解读为"巧妙的构思"，常用独具匠心来形容设计灵巧。在现代职业教育发展的大背景下，"匠心"被赋予了更多的时代内涵。首先，"匠心"是爱岗敬业、恪尽职守、脚踏实地的一种态度。其次，"匠心"是一种精益求精的追求，是对专心做事的一种高度肯定，要求教师在高速发展的经济浪潮中沉下心来，认认真真做教育，不因各种诱惑而迷失。最后，"匠心"是一种创新，独具匠心本身就多指技术或艺术上的创造性，教师不仅要自身具备创新能力，更要培养学生具备创新能力。

4. 好学心

子曰："好仁不好学，其蔽也愚；好知不好学，其蔽也荡；好信不好学，其蔽也贼；好直不好学，其蔽也绞；好勇不好学，其蔽也乱；好刚不好学，其蔽也狂。"③ 陶行知先生也曾说："我们做教师的人，必须天天学习，天天进行再教育，才能有教学之乐而无教学之苦。"④ 任何一名教师都应该有好学

---

① 《学记》是中国古代一篇教育论文，是古代中国典章制度专著《礼记》（《小戴礼记》）中的一篇，是中国也是世界上最早的专门论述教育和教学问题的论著。该句的意思是指教育工作者必须先了解学生的内心世界，然后才能有针对性地矫正他的缺点。泛指做思想工作应该先把握对方的心理状态。

② 王会萍. 真教育是心心相印的活动［J］. 学周刊，2013（13）：130.

③ 出自《论语·阳货篇》，是《论语》中的第十七篇文章。

④ 李芳. 思想政治教师的教学方法艺术略析［J］. 中学政治教学参考，2012（36）：22－23.

精神，做到天天学习，有教育精神的教师则更需要如此。这种好学精神体现在：第一，读可读之书。好学精神最明显的表现就是好读书。有好学精神的教师一般是爱读书的人。他们喜欢读有利于提升自己的书籍，既包括学科专业书籍，也包括非学科专业的书籍；既包括教育理论书籍，也包括教育应用书籍；既包括教育书籍，也包括非教育书籍。第二，学可学之人。有好学精神的教师不仅爱好读书学习，还喜欢向优秀的人学习。"三人行必有我师焉"，每个人都有可学之处。一名教师既可以向老教师学习，也可以向年轻教师学习；既可以向同事学习，也可以向家长学习，甚至可以向学生学习。

四、 策划好职业生涯， 找到自己的方向定位

关键词解读 ▶ 职业生涯

这是一个人一生所有与职业相连的行为与活动以及相关的态度、价值观、愿望等连续性经历的过程，也是一个人一生中职业、职位的变迁及职业目标的实现过程①。简单地说，一个人职业发展的状态、过程及结果构成了个人的职业生涯。一个人对其职业发展有一定的控制力，他就可以利用所遇到的机会，从自己的职业生涯中最大限度地获得成功与满足。而对于教师来说，成功的职业生涯策划，其核心是要找到教师的职业方向定位，并围绕这个方向构建教师的核心竞争力，以保证教师能够在正确的方向顺利成长。

锦囊妙解 ▶

作为一所学校的校长，需要帮助教师策划好职业生涯，帮助教师找到他们的方向定位。教师职业生涯可以大致划分为适应期、成长期、成熟期、高原期和超越期。教师职业生涯受着多种因素交互作用的影响，当教师职业生涯处于不同的生命阶段时，应该遵循个体成长规律，采取相应的专业发展策略。

1. 适应期

教师职业适应期是指教师在任教后的最初几年，完成了从学生到教师的过渡，全面进入教师角色的时期。本阶段教师的根本任务是学会转换，切实做到开好头、起好步。首先，完成身份转换。对于新教师来说，必须努力学

---

① 孙烨，曾天一，刘智英. 职业生涯规划的若干问题论略［J］. 经济研究导刊，2009（5）：76 – 77.

会承担多样化的职业角色：既是传道、授业、解惑者，又是学生品行修养的示范者；既是学生群体的领导管理者，又是学生身边的良师益友；既是新课程的实施者，又是课程的开发和研究者；既是知识的传授者，又是学生学习的参与者、促进者和指导者。其次，苦练教学内功。新任教师的知识结构往往以学科知识为主，比较缺乏教育教学的实践性知识。为解决这个问题，新教师必须多参加集体备课，通过对骨干教师和同辈群体教学及管理的先进经验的学习，达到加快成长的目的。同时还必须苦练教学基本功，提升灵活驾驭、科学处理教材的能力；提高组织教学、从容应变的能力；修炼教后反思、研究提升的能力。

2. 成长期

教师职业成长期也称教师职业发展期，是教师完成角色转换、适应教师职业角色之后一个重要发展期。在本阶段，教师的根本任务是围绕"我怎么样才能教好学生"这一问题，不断开展实践探究，积累丰富经验，为早日成为专家型教师奠定坚实的基础。第一，多学习。教师要围绕教育教学广泛获取知识，不断扩大自己的"内存"，增强自己的弹性，从而做到厚积薄发，蓄势待发。既要学习专业知识，也要学习适用的相关知识；既要向同事学习，也要向学生学习。第二，多实践。教师可参加的实践活动很多，比如各级教学公开课、各级论文比赛、各级课题研究等。另外，学校还应该鼓励教师通过写教育日志、教育随笔、教育博客，总结自己的教育实践，促进自己的专业成长。第三，多思考。教师只有努力养成勤奋的态度和善于思考的习惯，才能不断探索新教材的呈现方式，构建师生互动机制及学生学习新方式。

3. 成熟期

教师职业成熟期是一个教师完全适应教育教学工作的时期，也是其完全掌握教学主动权，各方面成熟后成为学校教学骨干的阶段。这一时期，教师最根本的任务是根据不断变化的新形势和出现的新问题进行思考和研究，创新教育教学模式、方法和策略，努力成为积极而有效的改革者和研究者。首先，从经验走向创造。处于这一阶段的教师，不能满足于基本功扎实娴熟、教学经验丰富、教学实效明显的经验型教师这一角色，应该以更加昂扬的斗志、饱满的精神，创造性地开展各项教育教学工作。其次，从教学走向研究。对于成熟期的教师来说，研究不是一种额外添加的工作，而是做好教学工作的应有之义，教师的研究和教学是同等重要的。最后，从个体走向合作。教育教学活动不仅是个体的活动，更是一种团队的活动，只有经过充分的交流与合作才会活跃起来，成熟期的教师要主动承担所教学科教师团队的建设，凝聚出高于个人力量的团队智慧，创造出更大业绩。

4. 高原期

教师职业高原期是指教师职业生涯过程中的一个相对静止的状态。本阶段教师最根本的任务是克服体力有所下降、成就动机减弱、知识结构陈旧、工作压力大等不利因素，规划自己新的发展，实现自我突破。首先，进行环境评估。高原期的教师只有科学评估各种环境因素对自己专业社会化的影响，着重分析环境条件的特点、环境发展变化情况、自己与环境的关系、环境对自己提出的要求等，才能回答好"我是谁?""我从哪里来?""我往何处去?"等问题，才能正确认识到高原现象是一种规律性的现象，应该积极调整自己的情绪，克服其带来的挫折感与自卑感。其次，更新知识结构。教师在新的知识结构和能力系统尚未形成之前，往往给人造成一种专业知识和能力退步的感觉。随着当代科学不断走向交叉、走向融合，作为教师，一定要加强理论的系统学习，构建起有个人特点的专业知识结构，使自己的教学行为更加理性化、规范化、科学化，让自己真正成为终身学习者。

5. 超越期

教师职业超越期是教师职业生涯进入收获期的重要阶段。这一时期的教师具有稳定而持久的职业动力、显著的创新精神和能力、个性化的教学风格与模式、先进独创型的教学思想和理论、丰富而突出的教学科研成果，在校内外有一定影响力和知名度，且得到学生深深的敬重。这一阶段的教师的根本任务是朝着时代需要的教育家的目标前进，使自己的教育生命迸发出巨大的能量，最大限度地享受幸福的教育生活。首先，懂得享受课堂。课堂是教师生命最重要的舞台，课堂生活的质量直接关系着学生学习生活的质量和学校教育的成败。超越期的教师要利用自己的知识优势、能力优势和经验优势，营造一个充满生命活力的课堂。其次，懂得享受学生。教师职业幸福感最重要的源泉一定是学生的成功和他们对教师的真情回报。爱默生说："教育的秘诀在于尊重学生。"① 教师要让学生尊重自己，就必须更深沉、更执着、更无私、更真挚、更热烈地尊重自己的学生、爱自己的学生，这是世界上最高尚的感情。最后，懂得享受生活。生活是多姿多彩的，一个人以什么

---

① 刘建军. 教育的秘诀在于尊重学生 [J]. 教学与管理（太原），2006（2）：16－17.

样的态度对待生活，生活就会有什么样的回报。教师职业幸福不仅仅来自卓有成效的教学，更来自健康的心理、乐观的生活态度、积极的精神状态。教师要学会享受生活，就要珍惜自己、善待自己、敬畏生命，用生活点燃生命。

五、 让教师参与学校治理

关键词解读 学校治理

党的十八届三中全会正式提出"推进国家治理体系和治理能力现代化"[1]；2017 年 2 月，全国教育工作会议上提出"加快教育治理现代化"；2017 年 10 月 18 日，党的十九大再次提出"推进国家治理体系和治理能力现代化"。"治理"和"教育治理"成为重要的公共政策话语和管理话语，并引发研究不断升温。在学校内部管理层面，从学校与教师、学生、家长、社区等的关系上看，学校的角色是与其他主体共同对学校进行"共治"，是对于学校"从政府那里所获得的自治权力"的共有、共享、共管。学校内部治理是共治主体依据规则开展的教育管理活动，涉及管理的多主体、多因素、多环节。"多主体"包括学校、社会组织，以及教师、学生、家长等个体；"多因素"包括发展规划、课程管理、教学管理、经费管理、人员管理、质量保障、质量评价等多项管理内容；"多环节"包括计划、决策、执行、控制等多个管理环节。要办成一所教育领域公共利益最大化的好学校，"共治"是路径；"善治"，即好的教育治理，是直接目标；"善育"，即办成"好的教育"，则是其最终目标。

锦囊妙解

教师参与学校治理是法律赋予教师的特殊权利，也是教师作为学校治理主体主人翁地位的体现，是学校治理民主化的重要表现。让教师参与学校治理，可以激发他们的积极性，所以作为校长，要解决好教师参与学校治理的定位、作用、渠道、方法和制度化问题。

---

[1] 陈蓉蓉. 深化党和国家机构改革是推进国家治理体系和治理能力现代化的必然要求[EB/OL]. https://baijiahao.baidu.com/s?id=1594698932597902306&wfr=spider&for=pc.

如何发挥教师参与学校治理的能动性，应包含以下几个方面。

1．不过多干涉

校长应主动下放和分享权力，为教师参与学校治理提供条件。权力下放之后，不再进行过多干涉。干涉、妨碍下属工作，就是妨碍自己。当然，也不是做甩手掌柜，要了解工作进度，要尽量避免教师判断失误的发生，也绝不可以任教师为所欲为。胡雪岩用人的三要素是"要勤、要快，事情只管多做，做错了不要紧！有我在错不到哪里去了"①。

2．不布置细节

校长在给教师布置任务时，只需准确告诉目标，不必布置细节。分配工作，从开始到结束，不要过于具体，过多的干预会妨碍教师发挥其积极性，其才华和潜能也得不到有效的施展，时间长了就会养成不动脑筋、一切依赖领导的"阿斗"作风。

3．心态需归零

校长要时刻保持良好的心态，遇到不愉快的事情要时刻提醒自己心态需归零，并努力营造和谐的办学氛围。一个人一生中最重要的就是演什么要像什么，要有利群大于利己的观念，真正让教师有集体归属感。

4．路径要多元

教师参与学校治理的形式和途径应该多元化。除了参与必要的会议外，校长还可以利用设立校长接待日、"下访"制度、听证会、意见征询簿、QQ群问题反映、微信群、邮箱、提案征集、智囊咨询等多种途径，并依据实际情况，灵活运用，以提高教师参与的有效性和便利性。

---

① 高阳. 胡雪岩全传［M］. 上海：文汇出版社，2018.

第二节
构建共同愿景

构建共同愿景

鼓励和平等
塑造和融入
合作和探讨
聆听和包容

一、让共同愿景的旗帜引领学校发展

人类基本价值、社会主流价值和学校
组织价值结合
核心价值观的形成、阐释与实践相结合
自上而下与自下而上相结合

二、学校核心价值观的形成

影响学校发展目标的因素
学校具体目标和实现条件

三、制定学校发展目标

成立一个学校发展团队
成立一个评价团队

四、针对目标形成阶段性行动计划

品牌学校的力量
品牌学校的要素
品牌学校的意识

五、品牌学校的打造

未来社会的发展具有诸多的不确定性，科学技术将获得极大的发展，知识的边界会扩大，知识也更容易获取。在这种情况下，面向未来的教育，即使学科和核心知识不变，在学习的过程中，学科的边界也会被淡化。美国的核心素养也即"21 世纪技能"主要涉及三大系统：①学习和创造技能，就是不断思考、发现和解决问题的能力；②信息、媒体与技术技能，涉及对现代信息技术的应用；③生活与职业技能，主要是培养面向职业和社会生活的基本能力。美国将"21 世纪技能"简要概括为 4C 技能：批判性思维与问题解决能力、创造性与自主学习能力、沟通能力与合作精神、跨文化理解与全球意识。

巴金在《说真话之四》里谈道："要谈未来，当然可以。谈美满的未来，也可以。把未来设想得十分美满，谁也干涉不了。因为每个人都有未来，而且都可以为自己的未来作各种的努力。未来就像一件有可塑性的东西，可以由自己努力把它塑成不同的形状。当然这也不那么容易。不过努力总会产生效果……"①

一、 让共同愿景的旗帜引领学校发展

关键词解读 ▶ 共同愿景

共同愿景的含义是大家共同愿望的景象，也是组织中人们所共同持有的对未来希冀的景象。愿景的建立，能发出一股较强的感召力，创造出众人一体的感觉，使各种不同的活动融为一体。学校共同愿景就像灯塔一样，始终为学校指明前进的方向，指导学校教育教学、师资培训、课程体系、德育管理、后勤保障等所有环节，是学校发展的灵魂。有吸引力、有价值、可实现的广泛而共同的未来愿景，是推动一所学校基业长青的最强有力的动力，它为我们描述了一个能够超越现状、具有高期望值、并值得期待的未来。共同愿景是一个方向舵，能够使学校改革和组织学习在遭遇混乱或阻力时，继续循着正确的路径前进。

锦囊妙解 ▶

萧伯纳曾这样生动地表述："生命中真正的喜悦，源自当你为一个自己认为至高无上的目标，献上无限心力的时候。它是一种自然的发自内心的强

---

① 巴金. 说真话［M］. 北京：中国工人出版社，2010：204.

大力量；而不是狭隘地局限于一隅，终日埋怨世界未能给你快乐。"① 当学校全体人员都拥有共同愿景，而这种愿景成为学校教职员工一种执着的追求和信念，它就成为学校凝聚力、驱动力和创造力的源泉。同时，共同愿景唤起了教职员工的使命感，使教师极具敬业精神，自觉投入，乐于奉献。在工作中他们体会到激情和乐趣，也体会到了生存的意义，甚至彼此成为实现共同愿景的伙伴。

那么，如何构建学校的共同愿景？

1. 鼓励和平等

这一点是指鼓励个人愿景，平等对待每一位教师。首先，共同愿景是由个人愿景汇集而成的，依靠汇聚个人愿景，共同愿景才能获得能量。因此，一所学校必须持续不断地鼓励教师发展自己的个人愿景。其次，学校教职员工之间必须彼此尊重，特别是校长，对于教师的个人愿景应当给予充分的尊重，并且不能把自己的个人愿景强加给别人。

2. 塑造和融入

这是指塑造整体形象，融入学校办学理念。共同愿景并非个人愿景的简单相加，而是个人愿景的整合。共同愿景的创造需要共同的创造者，并且需要学校每一位成员的共同维护。只有当大家都参与进来时，人们才能够真正在心中想象愿景被逐渐实现的图景。

3. 合作和探讨

寻求相互合作，休戚与共，而不是意见一致。一所优秀的学校并不是要求教职员工之间在各种问题上意见一致，更重要的是相互合作。学校管理者可以创设多种平台和学习组织，让教职员工在各个不同场合能就各种问题进行探讨和商议，同心协力，一起为实现共同愿景而努力。

4. 聆听和包容

共同愿景的建立，不能简单地通过学校校长宣示的做法而产生，应该以团队学习为基本形式，得到学校全体成员内心深处的认同。学校成员间谈论共同愿景，一个突出的特点应该是互动性强。所谓互动，体现在交谈时，就表现为既要清晰有力地表达自己的看法，也要善于聆听别人的看法。会表达

---

① 李军艳. 挖掘乡土资源，开发校本课程［J］. 好家长，2017（11）：84.

的人不一定会聆听，学会聆听就是学会包容，能够耐心地听取别人的意见，也能够包容别人的不同意见。

二、 学校核心价值观的形成

关键词解读 学校核心价值观

学校核心价值观是学校作为一种以培养人为己任的社会组织的核心价值观[①]。它要激励、维系和约束的并不是学校中哪一个个体或哪一类个体的行为，而是学校中所有成员的行为，是对学校中所有成员行为的期待、要求和规范。直接制约学校核心价值观形成的客观因素有学校组织特点、学校在整个教育系统中的位置和学校历史文化传统。

锦囊妙解

牛顿在研究万有引力定律时，热衷于探究地球沿固定的轨道围绕太阳运转的绝妙规律。思考之余，他把地球围绕太阳运转归纳为上帝的第一次推动。第一次推动后，地球按万有引力定律围绕太阳转动。所以如果形成学校的共同核心价值观，做好第一次推动后，要立足长远，把眼光放远、放大，再加上雄心和毅力，这样的事业才能更加欣欣向荣。因此，我们不应追名逐利，不做短跑选手，而应让教育回归本真，形成真正属于学校自己的核心价值观，引领学校每一位成员的前行。

如何形成符合教育规律、反映社会核心价值观、体现学校特点、满足学校发展需求、能够得到全校师生认同的核心价值观，这里有"三个结合"需要重点提出来。

1. 人类基本价值、社会主流价值和学校组织价值相结合

人类的所有价值构成了一个体系，彼此之间存在着相互联系。从某种价值适用范围看，我们可以将人类所创造的价值分为人类基本价值、社会主流价值、组织价值和个体价值。人类基本价值是不同文化传统和社会制度中人们都珍视和信奉的价值；社会主流价值是某一个社会中的人们所珍视和信奉的价值；组织价值是某一个社会组织中的人们所珍视和信奉的价值；个体价值就是个体所珍视和信奉的价值。理想地说，学校作为一种社会组织，其核

---

① 葛边疆. 构建核心价值观 提升学校软实力 [J]. 中小学校长，2012（1）：91 -92.

心价值的形成应该是建立在人类基本价值和社会主流价值基础上的，并且为个体价值的形成和实现提供良好的环境。从内容上说，学校的核心价值不应该与人类的基本价值、社会的主流价值和个体的价值需要相矛盾，更不能违反人类的基本价值、背离社会的主流价值并压制个体价值的实现。一所学校的核心价值是基于人类基本价值的，应该帮助学校师生形成正确的个体价值。学校作为师生生命价值形成的重要场所，尤其应该做到这一点。

2. 核心价值观的形成、阐释与实践相结合

《中庸》所说的"博学之、审问之、慎思之、明辨之、笃行之"①，即"广泛地学习、反复地拷问、缜密地思考、充分地论证、坚定地实践"，实际上是形成学校核心价值观的基本态度和完整环节。一所学校核心价值观的形成仅仅通过文本的形式表达出来是不够的，还需要为全体师生所认知、所认同、所信奉、所实践。只有当学校的全体师生在自己的工作和学习中能够自觉践行学校核心价值观的时候，才能说一所学校真正形成了其核心价值观。所以，一所学校核心价值观的形成，既要重视通过合适的途径提炼出来，更要注重利用一些场合去阐释它的含义和精神，并在深刻理解的基础上努力实践，最终使其成为全体师生的信念，成为无论在何种情况下都会恪守的行为原则。

3. 自上而下与自下而上相结合

校长在学校核心价值观的形成方面起着重要的作用，许多学校的核心价值观就是学校首任校长或学校发展关键时期的校长所确定的。校长作为学校的核心和灵魂，一个重要的职责就是提出并阐释学校的核心价值观。为此，校长应该对社会改革和发展的形势、教育事业的性质、学校的历史和现实、学生的身心发展特征等都有比较全面和深入的了解。在重视校长在形成学校核心价值观中的主导作用的同时，也要广泛地征求广大师生员工的意见和建议。学校可以先广开言路，然后总结提炼出学校核心价值观。这种征求意见和建议的过程，既是学校核心价值观的形成过程，也是学校核心价值观的全面宣传、讨论的过程，有助于深化师生员工包括校长对于学校核心价值观的理解，并为将来的践行打下良好的组织基础和思想基础。

---

① 出自《中庸》，是关于治学的名句。意思是要广博地学习，要详细地求教。《中庸》是我国古代论述人生修养境界的一部道德哲学专著，是儒家经典之一，原是《礼记》第三十一篇，相传为战国时期子思所作。

三、 制定学校发展目标

关键词解读 学校发展目标

在学校发展过程中，学校全体师生为之奋斗的共同目标是最为重要的因素。学校发展目标可以分为长期、中期和短期三种。学校发展的长期目标通常表现为学校的愿景。中期目标指的是 3～5 年内学校发展要达成的目标，短期目标是学校在 1～2 年内立志实现的目标。相对于愿景来说，中期目标和短期目标要具体得多。一般来说，中长期目标里包含着短期目标，一个个短期目标的实现也促成了中长期目标的达成。学校作为一个相对独立运营体，发展目标在其日常活动和发展过程中扮演至关重要的角色，有利于提高教学质量、扩大教育管理成果。

锦囊妙解

学校通过发展目标制定和目标管理机制的运行，在设立目标、改善目标、分解目标和实施最终目标的达成上事半功倍，得到更加显著的发展。

下面就区一级学校、市一级学校、省一级学校和优秀特色学校的不同目标进行解读，进而达到提升教学成果、改善教育管理。

1. 影响学校发展目标的因素

第一，是办学理念与宗旨。办学宗旨和理念的差异直接影响着目标管理机制的科学运用，主张寓教于乐宗旨的学校，重在培养学生在发展兴趣中学习；主张严谨治学理念的学校在培养学生的过程中更注重"做学先做人""治学先律己"。因此就造就了两种不同的发展目标，前者更注重全面发展，后者注重先后有层次的教学。

第二，是学校情况与背景。调查研究表明，历史悠久的老牌学校在接受新信息和做出改变方面的能力略显落后，老牌学校在多年的发展中有了自己奉为圭臬的体系和管理方式，更乐于使用过往经验中总结而来的管理方法。新学校则相反，它们乐于制定目标并有目标地展开工作。

第三，是教育环境与特征。教育环境的不同往往展现出不同的教育管理特征和目标特点，例如在深受"分数即一切"民风影响的某城市，教学大纲指导"三年级语文学科新增任务：习作能力培养"，学校目标细致且明确到分数、字数；但在注重技能培育的另一个城市，学校目标则更注重培养学生思维能力。再来看资金与财务管理。财政补贴作为义务教育学校主要的资金来源，其资金与财务管理方面的把控直接决定着短期内的学校目标和长期内的发展战略问题。不同的资金支出与资金利用和预算的方向，提供了有关学校建设的多条不同路径。同等资金支持下，是建设升级教学器械的种类、完善体育场设施，以此强化体能、达到素质教育的追求呢？还是提高优秀教师师资力量培养方面的支出，同时建设信息化教学设备，达成教师团队减负、提高单位学生所拥有的教师资源，以达成"以人为本、治学为主"的理念，这是作为一名校长不得不面临和权衡。

2. 学校具体目标和实现条件

第一，弄清楚区一级学校建设需要什么条件。基本上包含教育教学设施、设备、办学业绩、师资团队等诸多标准的融合。作为区一级学校，首先在设施、设备的配备方面应当齐备完善；教师方面追求恪尽职守、兢兢业业；对待学生教育与管理方面友善、严谨；业绩方面不过分追求最好，而是要做到"每天都有进步、每人都有进步"。

第二，市一级学校是在区一级学校的基础上更进一步，设施完备齐全可以酌情有新发展，为学科拔尖的专业教师提供资源环境，加强特色研究与发展；鼓励教师团队深入学习和交流；在重视学生文化知识培养的同时提倡发展兴趣与特长，引导开拓思维、自主思考和观察；业绩方面有目标、有追求，注重教职工绩效考核工作，教师们同心同德，基本达成学生知识与能力同步发展。

第三，省一级学校在设施配备、师资团队、生源质量和校风、学风都能位列前茅。同时重视学校特有的精品课程和特色课程，学校的竞争力、吸引力、影响力。同时省一级学校还要发挥好示范、引领、辐射作用，彰显省一级学校应有的责任感和名校风范。在教职工精神风貌、敬业爱岗的工作态度上、在学风氛围的打造上、在师生一言一行上，都起到示范效应，引领其他学校发展。

第四，建设特色学校需要培养高素质的专业人才团队，具备专业能力和职业素养的教师队伍；鼓励创新、引导科研的学风精神；有完善的特色项目建设所需要的设施、设备，具有建设特色课程和精品课程的环境基础；挖掘学校特色和长处，大力发展优势项目课程，补足短板，缩小其他课程差距、逐渐向全面型优秀学校发展。

学校发展目标的制定应遵循这样几个原则：目标设置具体明确；目标设置协调一致；目标设置难易程度适宜；目标设置有可接受性；目标设置有近远期目标的时间性和可反馈性；将学校目标与个人目标相联结；设定充满乐

趣、评价性的目标；制定有期限的目标。关于校长对于学校发展目标制定需要具备的素质，可从"冒险和勇气"以及"果敢和谋略"两个方面阐述。①冒险和勇气。康德说："人的心中有一种追求无限和永恒的倾向，这种倾向在理性中最直观的表现就是冒险，冒险是通往成功的必经之路。"[1] 而这种冒险的主体就形成了卓越校长与普通校长的不同，普通校长没有100%的把握，就没有采取行动的勇气；而卓越校长只要有60%的把握，就会拿出200%的勇气去冒险。对他们来说，目标越远大，风险越大，教育回报也就越大。学校要发展，必须采取坚定的立场，制定长期目标，强调创新的重要性，努力追求与发展具有创意的、符合校情学情的、系统的课程服务体系，让教职员工的激情与能力能够有的放矢，充分地发动教职员工为学校发展的整体目标而奋斗。②果敢和谋略。卓越校长要有一份果敢，想人之不敢想，为人之不敢为，这样才能成就别人所不能成就的伟大事业。同时，精于谋划，善于布阵，对自己行动的策略进行周密而全盘地考虑。善用谋略，多变换角度思考问题，践于行动，学校的教育方有生机，以"大计"治"小计"，才能以"不变"应"万变"。

四、针对目标形成阶段性行动计划

关键词解读 阶段性行动计划

阶段性行动计划是指学校按照发展规划设计的具体步骤，综合运用各种人力、物力和财力资源，在学校内外部环境的支持及教职员工的共同努力下，将学校发展规划从文本形式转化为实际效果，从而实现规划既定的发展目标和学校愿景的动态过程[2]。阶段性行动计划更强调针对目标的执行过程，通过这一过程提高学生的学习质量和教师的专业化水平，提升学校的教育质量。

---

① 该句出自康德，伊曼努尔·康德（德文：Immanuel Kant，1724年4月22日—1804年2月12日），出生和逝世于德国柯尼斯堡，德国哲学家、作家，德国古典哲学创始人，其学说深刻影响近代西方哲学，并开启了德国古典哲学和康德主义等诸多流派。康德是启蒙运动时期最后一位主要哲学家，是德国思想界的代表人物。康德毕业于哥尼斯堡大学，并于1755年起在母校执教，在教育方面颇有建树。

② 江雪梅，褚宏启. 学校发展过程研究 [J]. 教育理论与实践，2011（13）.

锦囊妙解

有这样一个关于小实验的故事。一个专家拿出一个一加仑的广口瓶放在桌上。随后，他取出一堆拳头大小的石块，把它们一块块地放进瓶子里，直到石块高出瓶口再也放不下了。他问学生："瓶子满了吗？"所有的学生回答："满了。"他反问："真的？"说着他从桌下取出一桶砾石，倒了一些进去，并敲击玻璃壁使砾石填满石块间的间隙。"现在瓶子满了吗？"这一次，学生有些明白了，一位学生说："可能还没有。""很好！"他伸手从桌下又拿出一桶沙子，把它慢慢倒进玻璃瓶，沙子填满了石块的所有间隙。他又一次问学生："瓶子装满了吗？""没满！"学生们大声回答，然后专家拿出一壶水倒进玻璃瓶，直到水面与瓶口齐平。他望着学生："这个例子说明了什么？"一个学生举手发言："它告诉我们：无论你的时间表多么紧凑，如果你真的再加把劲，你还可以干得更多的事。""不。"专家说，"那还不是它的喻义所在。这个例子告诉我们，如果你不先把大石块放进瓶子里，那么你就再也无法把它们放进去了。"同样的空间，放置东西时的先后顺序不同，结局就大相径庭；同样的时间，工作安排的顺序不同，结果也千差万别。

实施学校目标也是同样的道理，校长需要在实践中将大目标分解成几个小目标，并遵循以下的九个步骤。

第一步，找到拆分学校目标的原因。所以第一件要做的事是找出"为什么"来说服自己。

第二步，设下时限。人性的劣根性之一是拖延，急需时限来集中完成任务。因此，最好能将学校目标拆分为几个阶段，在指定时间内做到什么程度，以便检查及量度。

第三步，衡量实现学校目标所需的条件。一个教育管理者做好学校发展的"设计师"的工作，才算真正进入了教育管理者的角色。

第四步，如要实现学校目标的话，自己首先必须变成什么样的人，不同阶段、不同环境下扮演不同的角色。校长既是教育者又是领导者和管理者，要通过自己的行为、言论、信仰、决心、胆识、追求、智慧、激情、诚意、亲和力、全局观念和远见卓识等来感染和聚拢干部、教师和学生，确立共同追求的目标，使与学校相关的所有人能基本认同校长的办学思想，并能尽其所能地工作、学习和创新。

第五步，如学校目标以前曾设定而无法实现，分析原因出在哪里？将所有原因从难到易列出，并自问目前可以用什么办法解决哪些障碍，逐项写出，及时采取行动。

第六步，自我承诺。自问想成功还是一定要成功，有兴趣成功未必能成功，决心成功绝不放弃才能成功。

第七步，马上采取行动。从现在开始，千里之行，始于足下。

第八步，衡量每天的进度，每天检查实施情况。若每天衡量执行中发生的问题，那么一年就有300多次改正问题的机会，若每月检查一次，一年只有12次改正问题的机会。改正机会多了，成功机会也会相对增加。

第九步，将学校目标具体化，日常化。

而对于校长带领全校师生员工共同实施阶段性行动而言，有两个团队的成立至关重要，一个是成立"学校发展团队"，另一个是成立"评价团队"。

1. 成立一个学校发展团队

该团队成员彼此相关联，学科拔尖，德艺双馨，是学校启动发展的主力军；落实各成员应当承担的不同责任和任务；为规划的贯彻与实施留出足够的时间，维持各成员的热情和动力，完成各种各样的任务；确定关键性目标，确立重要的里程碑。

2. 成立一个评价团队

确立对规划进行审核的、科学而合理的程序，而且评价团队成员应当包括学校以外的相关专家。评价团队的反馈即在评价、审核的基础上，对规划制定、规划实施的过程进行适度调整，修正规划实施过程中表现出来的不恰当的地方，力图使规划更符合学校发展的现状，更能促进学校的发展。

五、 品牌学校的打造

关键词解读 品牌学校

教育也是一种市场，这就要求我们按照市场经济的游戏规则，结合教育市场的特殊规律，来经营学校，创造品牌。什么是品牌？从表层看，品牌属于产品，是产品的名称、标记、符号、图案，或者是它们的相互组合，但品牌的内涵与外延远远超过对产品本身的理解。品牌已经是外部标记、识别、联想、形象等内容的综合概括。品牌学校则是在学校的创建、发展过程中逐步积淀下来的，凝聚在学校名称中的，体现学校教育服务水平的社会认可高的学校。"品"是指学校发展的品质，表现为学校发展的优质内涵。"牌"是指学校的公众形象，被媒体和社会公众接受的程度。有的学校有"品"没有"牌"，有的学校有"牌"但不一定有"品"。真正的品牌学校就是优质学校、名校的象征。

锦囊妙解

未来的价值观将会发生翻天覆地的变化，品牌将会成为一种信仰，一些被视为品牌的特色项目或人物，本身也会成为信仰或精神。每个品牌都有自己独特的历程，品牌学校也不例外。

在这里，围绕"品牌学校的力量""品牌学校的要素""品牌学校的意识"来对品牌学校的打造进行解读。

1. 品牌学校的力量

任何一种品牌学校都会具备一些力量，这股力量像机器装上高速运转的引擎，推动学校不断向前惯性发展。这些力量是：第一，领导力。学校品牌影响学校发展的能力。第二，生存力。学校品牌的稳定性。第三，社会力。学校品牌所产生的社会效益。第四，辐射力。学校品牌超过地理和文化边界的能力。第五，趋势力。学校品牌对教育行业发展方向的影响力。第六，支持力。学校品牌交流的有效性，信息沟通的顺畅性。

2. 品牌学校的要素

品牌学校应包括七个核心要素，即理念、管理、课程、课堂、文化、团队、科研。理念决定品牌，管理维护品牌，课程发展品牌，课堂铸就品牌，文化提升品牌，团队打造品牌，科研助推品牌。品牌学校离不开品牌校长和品牌教师以及品牌的课程质量。在具体工作中，只有确立先进的办学理念，明确的办学目标，科学的内部治理机制，积极向上的优良团队，方能形成学校的课程体系和办学特色，打造出学校品牌，才能让学生成长、家长放心、社会满意。

3. 品牌学校的意识

从满意角度讲，学校创建品牌最缺乏、最重要的有三种意识。

第一，服务意识。教育实际上是一种服务，高品质的服务是实现学校品牌的基本法则。这是市场经济背景下和教育买方市场建立后，人们对教育的一种现代诠释。在教育卖方市场时代，服务意识实际上也是教育的应有之义，但由于学校特别是名校生源充足、门庭若市，毫无生存危机，学校成了骄傲的公主，树立服务意识不但感到没有必要，甚至有人认为是多余。而在教育买方市场建立后，服务意识已成为教育质量高低的重要组成部分。如果两所学校的硬件设施和升学率等水平相当，人们更愿意选择服务意识强的学校。因为在服务意识强的学校，家长的需要更能得到满足，家长的人格更能得到充分的尊重。因此，学校应充分了解和尊重学生与家长的需求，把满足学生和家长的合理需求作为学校追求的目标，并把这种服务意识渗透到学校治理、教育教学工作的全过程中，真正为每个学生的健康、持续发展提供优质的服务。增强服务意识，如学校工作计划是否应该听听学生和家长的意见，学校在校园文化布置方面是否考虑过学生的最佳视线范围，学校是否应该准备饮用水、厕纸、洗手液、雨具等，以方便学生的学习生活。

第二，文化建设意识。文化品位不高的学校，就像暴发户，给人的感觉是缺乏底气，缺乏底蕴，当然更谈不上是品牌学校。要形成与众不同、风格独特、便于识别的学校文化，打造具有魅力的学校文化品牌。目前存在的现状，主要是在硬件设施和校园环境布置上，有的认为在校园里写（贴）满了字画学校就加强了文化建设，学校的文化建设属于功利性的、零碎的、无序的给别人看的状况。学校文化建设应涉及物质文化、制度文化、人际关系文化建设等，在具体的操作过程中要注重三个特点：①民主性。学校中管理者和被管理者平等，师生平等，人和自然平等。学校一切制度的出台要能体现大多数人的意愿和智慧，其治理行为不带有任何的歧视，治理更多的是一种关爱而不单是一种约束。②开放性。学校要胸怀开阔，心底坦荡，包容并蓄，及时吸收优秀传统文化和其他优秀学校文化的成果，不断进行自我反思、自我批判、自我扬弃。③创造性。结合学校传统文化特点和时代的文化精华，以及未来发展需要，不断自我创新，创造本校独特的文化。

第三，自我营销意识。学校要善于运用 CI 战略①，形成系统的视觉识别和行为识别。由于受传统思维模式的影响，学校自我宣传的意识不强，自我宣传的力度不大，更谈不上营销策略，即使具有品牌学校之实，也是"藏在深闺无人识"。首先，要善于自我宣传，吸引大众注意力，促进学校与家庭、社会更为深度的沟通，这是一个非常有效的沟通渠道。在市场经济和知识经济时代，谁吸引了大众的注意力，谁就能获得期望的效益，在教育市场的竞争中当然也不例外。学校应定期召开家长会、各种座谈会，向广大家长和社会各界宣传学校的办学目标、改革措施、办学成效。建立学校信息定期报告

---

① CI 战略亦称为企业识别战略或企业形象战略，是在调研和分析基础上，通过策划和设计企业识别系统（CIS），来体现本公司区别于其他公司的标志和特征，塑造公司在社会公众心目中的特定位置和形象的战略。

制度，及时通过各种媒体向社会各界宣传学校工作中取得的成绩，以吸引更多人关注学校的发展，理解、支持学校的发展。其次，扩大社会影响力。对学校的形象进行合理的包装，请专家对学校工作进行梳理、提升，扩大在教育界的知名度和影响力。最后，做好教育情报搜集工作，不断调整宣传策略。

"教育品牌"是学校特色、学校文化、学校传统以及学校品位的集中体现，是学校长期以来形成的人文精神、行为方式和价值取向的积淀。"教育品牌"和"品牌教育"两者的关系，可以用这样的比喻加以说明：如果把形成"教育品牌"比作挖一口井，那么"品牌教育"就如同从井里取水。不难理解，井挖得越深，我们就能更容易取更多的水。因此，打井不是最终目的，我们的最终目的是从井里取到水，真正发挥"井"的作用。同样，形成"教育品牌"是一种途径、一种手段，而最根本的、最内在的还是要将"品牌"放大、做实，以促进学生的发展，打造"学生品牌"作为打造"教育品牌"的最终归宿。

第二章
学校制度

　　制度是社会发展与稳定的根本保障。广义的"学校制度"，指的是为了指导和约束学校的行为和与学校有关的组织、机构、人员等的行为而制定的教育法律、规章等成文的规则体系，以及学校、学校所在的社区中的组织、人员认可了的与学校有关的习惯、道德标准、风俗等未成文的规则体系。而现代学校制度特指在知识社会初见端倪和全面建设小康社会大的社会背景下，能够适应市场经济和建设学习型社会的基本要求，以完善的学校法人制度为基础，以现代教育观念为指导，学校依法自主、民主管理，能够促进学生、教职员工、学校、学校所在社区的协调和可持续发展的一套完整的制度体系。

第一节
让学校制度发挥力量

> 让学校制度发挥力量

了解学校制度文化功能
了解学校制度文化分类
了解学校制度文化层次

一、形成健康的学校制度文化

奖励承担风险，惩罚逃避责任
奖励解决问题，不奖励表面文章
奖励创造性工作，不奖励因循守旧
奖励实际行动，不奖励空头理论
奖励高效工作，不奖励表面忙碌
奖励简化工作，反对不必要的复杂化
奖励有效行为，不奖励夸夸其谈
奖励工作质量，不奖励工作数量
奖励忠诚学校，不奖励朝三暮四
奖励团结协作，不奖励搞内讧

二、"奖"与"惩"的策略

明确校长权利特点
清楚校长用权失度的原因
避免校长权力越界的方法

三、将校长权力放入制度的笼子里

有一个《分粥》的故事：有7人组成一个小团体共同生活，其中每个人都是平凡而平等的，没有什么凶险祸害之心，但不免自私自利，他们想用非暴力的方式，通过制定制度来解决每天的吃饭问题——要分食一锅粥，但并没有称量用具和带刻度的容器。

大家使用了不同的方法，发挥聪明才智，通过多次博弈形成了日益完善的制度。大体说来主要有以下几种。

方法一：拟定一个人负责分粥事宜。很快大家发现，这个人为自己分的粥最多，于是又换了一个人，结果总是主持分粥的人碗里的粥最多、最稠。英国历史学家阿克顿勋爵对此所做的结论是：权力导致腐败，绝对的权力导致绝对的腐败。

方法二：大家轮流主持分粥，每人一天，这样等于承认了个人有为自己多分粥的权利，同时给予了每个人为自己多分粥的机会。虽然看起来平等了，但是每个人在一周中只有一天吃得饱而且有剩余，其余6天都饥饿难耐。大家认为，这种方式导致了资源浪费。

方法三：大家选举一个信得过的人主持分粥，开始这位品德高尚、尚属上乘的人还能基本公平，但不久他就开始为自己和溜须拍马的人多分。

方法四：选举一个分粥委员会和一个监督委员会，形成监督和制约。公平基本上做到了，可是由于监督委员会常在分粥时提出多种议案，分粥委员会又据理力争，等到分粥完毕时，粥早就凉了。

方法五：每个人轮流值日分粥，分粥的那个人最后一个领粥。令人惊奇的是，在这种制度下，7只碗里的粥每次都一样多，就像用科学仪器量过一样。每次主持分粥的人都认识到，如果7只碗里的粥不相同，他确定无疑将享用那份最少的。

这个故事告诉我们：制度至关重要。要成为一个成功的学校管理者，一定要"用心"来处理治理中的各类问题。学校虽小，五脏俱全。学校教师中也有各色人等，用人、管人并非易事。如何表现校长的人格魅力？如何处理校长与教师的关系？如何有效地激发教师职业热情，奖励教师？如何营造学校的良好教育生态？如何让教师遵守规章制度？如何合理分配工作，如何处理学校的各类纠纷？在任何学校里都需要规章制度。一套好的规章制度，甚至要比多用几个管理人员还顶用。无论制定什么样的规章制度，事前都要详细了解实际、整理分析各类问题，再制定规则，这样才有意义。规章制度的建立、制定是随着学校教育教学的需要，以及学校不断发展而做相应的改变。一个有经验的学校领导者，要善于用规则管理教师。治理的发展史是一部创新的历史，只要环境在变，治理就需要创新，制度也需要创新。因此，治理如历史，永无止境。我们不能指望通过一次的创新，就可以一劳永逸地享受创新的成果，学校在发展，环境在改变，治理也就需要进行大胆的尝试和不断的创新。

一、 形成健康的学校制度文化

关键词解读 学校制度文化

学校文化是学校的精神内核和灵魂，文化的实质是人化。有人说，有什么样的文化就有什么样的学校，有什么样的文化就有什么样的学生。所以，看一所学校的文化建设，看一个校长在文化建设中的作为，就可以判断校长、学校的品格和品位。文化治理是学校治理的至高境界。而学校制度文化折射出学校的价值观念、治理理念。学校制度文化是学校文化系统中最具权威性的因素。它规定着学校文化整体的性质，是学校教育教学得以有效进行的重要保证，发挥着管理育人的作用。学校制度文化是指学校的组织形式（结构）和存在于学校中的现实的正式、非正式制度（规范）的总和，它反映了学校中人与人之间的关系，如教学制度、教师评价制度、后勤保障制度等和实施上述制度的各种具有物质载体的机构设施，以及学校成员对学校事务的参与形式、反映在各种制度中的人的主观心态。学校制度文化往往隐藏在学校的仪式、教育观念、课程与知识、教学方法和技术、管理结构、发展规划、组织形式、目标、传统、习俗乃至心理氛围之中。学校制度文化要受到政治、经济、传统、学校规模等多种因素的影响，是一个历史的范畴，它将随着时代的发展而变化和丰富。

锦囊妙解

学校制度文化与学校物质文化、精神文化、行为文化等共同构筑了学校文化的整体结构。如果把学校文化建设比喻成一艘前行的巨轮，那么高悬的航标就是精神文化，航行的规章守则就是制度文化。学校制度文化是学校精神文化的转化器、激发器和推进器，同时决定了学校文化建设前行的速度、达到的高度以及辐射的广度。

那么作为一所学校的校长，应该如何让学校形成健康的学校制度文化？在这里，有一个先了解、再生成、最后执行的递进过程。

1. 了解学校制度文化功能

具体来讲，学校制度文化主要有三项功能：第一，通过认识导向、情感陶冶、人文关怀特别是行为规范，给师生提供优质的文化心理氛围和正确的行为模式；第二，整合学校组织体系，促进学校运转协调有序；第三，传递学校文化信息，塑造学校个性形象。

2. 了解学校制度文化分类

每个学校都有独特的学校文化。一旦形成一种健康的学校文化，就会在学校中形成一股强大的精神动力，所有的教师都会受到这种学校文化的激励。由于教师队伍将呈现出多样化的特点，要尊重个体差异，就需要营造一种学校文化来统一人们的价值取向，并将其作为凝聚人心的力量源泉。对待具体任务各人可以采取不同的方式，但这种独一无二的风格、观点和共同的价值标准，将有助于强化每个教师的责任心，确保教师为了更大成就而不断努力。根据不同的标准可以对学校制度文化进行不同的分类：第一，根据"是否成文、正式程度的不同"可以划分为正式的学校制度文化和非正式的学校制度文化。第二，根据"学校制度文化对师生员工是着重引导、激励还是注重控制、约束"可以分为开放型（引导和激励师生员工）和内敛型（管束师生员工不准做某些事情）的学校制度文化。第三，根据学校制度文化作用对象的不同可以划分为学校领导和管理层制度文化、教师制度文化、学生制度文化、学校服务人员制度文化等。第四，从本体论的角度，可以划分为内在的和外在的学校制度文化（内在制度文化是指群体内随经验而演化的规则；外在制度文化是设计出来的，并依赖正式的有组织的机制来实施）。

3. 了解学校制度文化层次

根据来源的话，学校制度文化可以分为四个层次：即国家及其主管教育机关颁行的规章制度；地方政府及其教育主管机关颁行的规章制度；学校自行制定的规章制度；为学校、学校所在的社区中的组织、人员认可的与学校教育教学有关的习惯、道德标准、风俗等未成文的规则体系（非正式制度）。其中大量的非正式制度以填补了正式制度的空白点，弥补了正式制度的不足，甚至代替了一些正式制度的方式而发挥着正式制度所不可替代的作用。

根据对学校制度文化的功能、分类和层次的了解，在这里可从"学校制度文化生成原则""学校制度文化生成方法""学校制度文化生成程序"三个方面谈一谈。

（1）学校制度文化生成原则。

学校制度文化生成有三个必须要遵从的原则：①以人为本。制度主要是和人打交道，因此所有的体系设计和规则要求都要体现以人为本，在做到规范人和教育人的同时，充分尊重人、理解人、帮助人、激励人、解放人，而不是板着脸一味生硬地"管"人和"卡"人。公平比太阳更有光辉，公正比权力更有力量。②开放民主。任何一项制度的生成，都不可能靠少数人闭门造车就可以完成。只有秉承开放的态度，才能吸纳更多经验，集中更多智慧，整合制定出更有效的学校制度。比如可通过对外开放，借鉴吸收国内外众多学校在制度文化建设上的先进经验，还可通过对内开放，鼓励全校师生积极主动建言献策，让他们从学校制度的执行者和服从者，转变成为设计者和参与者。在制度最终通过之时，还要实行多数同意原则，如此方能体现制度生成的开放性、民主性。这样不仅有助于集思广益，而且传达了一种人文关怀，表达了对人的尊重。更重要的是，开放民主的过程可以加深师生对制度的理解，还可培养他们的主人翁意识和民主意识。③与时俱进。一方面，学校制度的生成是一个动态的过程，需要在实践中不断修正完善。另一方面，当学校的每个成员都能根据既有制度形成稳定的行为方式时，原有的规范就在一定程度上失去了存在的价值，又需要建立更高层面的规范。因此，学校制度的生成必须在实践中不断与时俱进、动态完善和适时提升。

（2）学校制度文化生成方法。

学校制度文化生成有三种方法：继承、改良和创新。学校制度的建立完善，应在学校精神文化的指导下，继承、改良和创新三法并举，可以继承的批判继承，需要改良的精心改良，一片空白的创新制定。

（3）学校制度文化生成程序。

学校制度文化生成有基本的五个程序：①广集意见，博取样板。广泛征集学校师生和社区、家长、学者的意见，大量搜集国内外同类学校的制度建构体系，充分吸纳各种意见、经验和智慧。②整体构思，形成体系。在掌握大量资讯材料的基础上，结合本校实际，成立制度文化建设专门小组，通过反复酝酿，整体构思，形成学校制度的全面体系框架，明确各层次各方面究竟需要什么制度，核心的制度是什么，外围的制度是什么，亟待完善的制度是什么。③考量旧制，选准方向。对学校既存制度进行考量审查，对照学校最新的精神文化价值，确定哪些制度需要继承，哪些制度需要改良，哪些制度需要新创，哪些制度时机不成熟，需要暂时搁置。④分工负责，完善制度。或引入校外智力，或筛选校内精英，以分工负责的形式，制定完成学校各层次各方面的制度。亟待完善的制度迅即制订，核心制度优先制订。⑤实践检验，动态更新。学校制度一经订立，就要再次征求各方面意见特别是师生的意见，反馈后再行修正，经多数人同意后才组织实施，并通过后续实践来不断改进提升，以使学校制度更加完善有效。

怎样才能打造高效的制度执行力呢？除了通过公开民主地订立制度以提高师生对制度的认同感和接受度以外，还需做好以下几项工作。

第一，加强培训，营造氛围。宣传造势，进一步提高学校教师，乃至社会各界对学校制度文化的认同和理解。虽然学校师生参与了民主订立制度的过程，但每个师生对制度的理解力和接受度仍会参差不齐，通过教育培训、宣传造势，营造氛围，师生更深切地感受到学校制度所要达至的愿景，明确自己的权利、责任和行为的边界，将有利于师生对制度主动执行，为学校文化建设和学校发展营造良好的内环境，减少学校在制度执行时的外障碍，为学校文化建设和学校发展营造良好的外环境。

第二，规范制度，树立权威。树立制度权威，规范公正高效的制度。制度要起作用，就要有权威，而只有规范公正高效的制度，制度权威才能得以树立。所谓规范，就是依章执行，按程序执行。所谓公正，就是执行要以事实为依据，以制度为准绳，处置准确，宽严适度，而且要公开透明，对事不对人，不徇私枉法，确保所有学校成员在制度面前人人平等，不仅要公正的管理，还要公正的评价、考核和奖惩。

第三，刚柔并济，多管齐下。刚性与柔性执行相结合，约束与激励相结合，执行与教育相结合，以提升执行实效，提高师生自我执行、自我管理的水平。刚性执行确有必要，这是推进制度文化建设的必由之路，但柔性执行也不可缺少，因为制度面对的是有生命、思想、个性、感情的人，如果一味生硬地执行，往往收不到应有的效果。

第四，深入分析，价值统领。在推行正式制度的同时，深入分析并引导非正式制度向正式制度的规则和价值取向靠拢。正式制度在执行之初，往往容易遭逢某些非正式制度的惯性抵制，如果处置不当，正式制度有可能被非正式制度解构和同化。作为学校文化建设的决策者，此时应深入分析非正式制度，与正式制度相容的良性成分顺其自然，与正式制度不相容的不良成分则想办法说服、引导、同化之，使非正式制度尽可能向正式制度靠拢。只有通过长期的引导和同化，非正式制度才能最终与正式制度形成顺向同构效应。

第五，校长带头，树立典型。领导带头执行制度，同时大力表彰执行制度的先进典型，以增强对师生的说服力和感染力。制度运用好坏的关键之一是学校领导能否带头执行，公则明，廉则威，中层行政班子只有身先士卒、率先垂范，才能更好地维护制度的权威性，产生良性上行下效的效应。

总之，学校制度文化建设是学校文化建设的关键一环，我们一定要高度重视学校制度文化建设，"一方水土养一方人"。绿色生态制度强调教师要自觉、自律，约束自己的行为，强调人与学校环境的相互依存、相互促进、共处共融。绿色生态的制度文化往往会衍生出一批优秀的教师队伍。所以集中精力做好制度的优质生成和公正、规范、高效的执行两项工作。同时，在执行中注意把制度的刚性约束和人文关怀有机结合，刚柔并济，既用健全完善的规章制度约束人、规范人的行为，又以人为中心，对人充满着尊重、信任、关怀、理解，在学校形成民主、和谐、团结的氛围，使学校成员能够在民主、自由、尊重个性的环境中健康成长。

二、"奖"与"惩"的策略

关键词解读 ▶ "奖"与"惩"

奖励是一种激励手段，是焕发人们的荣誉感和进取心的措施，是一种调动中层行政人员和管理相关人员的积极性，最大限度地挖掘潜在能力的管理方法。惩罚，具有动词和名词词义，表示惩戒、责罚、处罚；或施加鞭挞，或体罚使之服帖、受辱，或以苦行赎罪。其出自《魏书·西域传·于阗》："其刑法，杀人者死，余罪各随轻重惩罚。"①

墨子曾经说过："蛤蟆蛙蝇，日夜恒鸣，口干舌僻，然而不听。今观晨鸡，时夜而鸣，天下振动，多言何益？惟其言之时也。"这句话的意思是，蛤蟆之类，叫个不停，而人不听之，因其不会相机。晨鸡之类，一鸣而天下惊动，因其能相时而动。话不在多，在于说得切合时机。同理，"奖"与"惩"要想取得最理想的效果，一定要善于选择时机。

锦囊妙解 ▶

既然学校有了制度文化，那势必有教职员工会违反制度，那么这个时候就需要奖励与惩罚措施。俄语中的"罚"含有"教"的意思。只有拿出范例来才有可能发挥教的作用；若以恶报恶，则不是教，反而使对方走上毁灭之途。时机稍纵即逝，失去之后就不复再来，所以"奖"与"惩"须根据时机把握轻重缓急，稳扎稳打，否则就会失去最佳效果。奖励与惩罚，都需要讲究策略。

---

① 该句的意思是刑法要求杀人的人以命相抵；犯其他罪行的，处罚的轻重按照犯罪行为的轻重来定。这是罪刑相适应的原则在中国古代的体现。《魏书》是二十四史之一，是北齐人魏收所著的一部纪传体断代史书，该书记载了公元4世纪末至6世纪中叶北魏王朝的历史。

这里有十个小策略，在这里与大家分享。

1. 奖励承担风险，惩罚逃避责任

教师有两种不同的方式对待风险与责任，一种是"不做错任何事"，另一种是"不做任何错事"。第一种方式看上去有道理，实际上对学校危害很大，这是只会做老好人，而缺乏承担风险与责任的精神。第二种方式学校领导不喜欢，因为他们想做事，往往不能做出任何事情来。在做事的过程中，因担心会犯错误，会给学校、自己与他人带来影响而停步不前。结果使学校毫无生气或机体腐败，最终形成多干活多出错、不干活不出错的不良文化。

学校应鼓励行政人员或教师敢于冒风险，允许犯错误，但要记住以下几点：一是提示行政人员或教师，学会从失败中吸取教训，努力改进；二是要及时鼓励失误者，因为一件事失败，不过是推迟了成功的时间；三是鼓励机智的冒险，而不是愚蠢的行为。要考虑到最坏的可能，一旦有风险，及时撤出，以减少不必要的麻烦。

2. 奖励解决问题，不奖励表面文章

教师在面临问题时，往往会有两种工作方式，一种是从产生问题的根源出发，认真分析原因，并寻求解决问题的方法，但这种工作方法需要时间，效果来得慢，需要耐心与毅力。另一种是就事论事，尽快地解决问题，这种方法能很快收到效果，但由于头痛医头、脚痛医脚，不能解决根本问题。所以正确的绩效考核机制和激励体系，应该把注意力放在正本清源上，奖励深入扎实工作的人。

3. 奖励创造性工作，不奖励因循守旧

对学校来说，最重要的资本不是金钱，也不是资产，而是办学的思想。奖励那些创造者，营造进行创造性活动的学习工作环境；对成功的教育创新做法，要及时予以奖励；鼓励竞争促创新；让每个教职员工都确定一项创新目标。

4. 奖励实际行动，不奖励空头理论

计划、预测、讨论和分析十分重要，但更重要的是，对任何一个既定目标，都要采取决定性的行动并取得成果。这就要求我们养成动手的习惯，而不是夸夸其谈，拿定的主意就要立即行动。

5. 奖励高效工作，不奖励表面忙碌

奖励忙碌行为而不管其结果是非常错误的，摆脱这种困境的办法，就是鼓励用出色的工作去实现预定目标，而不是鼓励人们装作忙碌的样子。

6. 奖励简化工作，反对不必要的复杂化

校长要简化工作，取消不必要的事情，简化程序。

7. 奖励有效行为，不奖励夸夸其谈

学校里有四种不同类型的人：希望别人干活的人；说得很多、做得很少的人；对别人所做的事议论纷纷的人；默默奉献的人。我们都希望拥有最后一种类型的人，少有或没有其他类型的人。这就要求我们发现教师好的行为，鼓励他们做得更好。提防投机者，绝不纵容他们。找出教师中的无名英雄，及时奖励，不要让老实人吃亏。

8. 奖励工作质量，不奖励工作数量

教育教学质量是学校发展之本，让每一个教师都必须懂得质量的重要性，比如通过把握学习发生的规律，来寻找学习本质，主动建构；通过了解学习障碍的归因，来解决学生知识短缺、毅力薄弱的问题；通过激发学生爱学的兴趣，来促进学生成功体验和图景多样的生成；通过适应学生学习的节奏，来达成适应认知、以学定教的目的；通过推动智慧共享的备课，来进行教师经验共享，团队协作；通过变革低效课堂的结构，来完成优化结构、控制行为的教学改革；通过提供持续个性的辅导，来进行对学生的分类指导和实现个性学习的主体价值；通过落实对困难学生的补偿，来减少学生掉队的工作。帮助教师树立质量意识，提高学生学习效能。就是让其反主为客，自制自用，这就如同让降落伞的制造者和质量检测者，拿一件自己生产、检验的产品，穿好跳出飞机一样。

9. 奖励忠诚学校，不奖励朝三暮四

每个学校都需要忠诚者。这要求我们做到以心换心、以诚换诚。保持信息渠道的公开和透明，以建立相互的信任。奖励忠诚者，给忠诚的教师更好的职位，这等于告诉每一位教师，忠诚就会得到奖励。

10. 奖励团结协作，不奖励搞内讧

一个学校在其内部坚持合理冲突的情况下，首先奖励的应是有团队精神和全力工作的行为。这就要求做到工作相互依赖，只有当所有的人，都全力以赴将工作成功完成后，才能看清协作行为所产生的力量，确定一个只有相互合作才能达到的共同目标。

在学校治理中，学校多是奖惩并用。在大力提倡"以人为本，有效激励"的今天，我们不能忽视惩罚的功用，关键是要善用惩罚。要认识到，惩罚是一种教育手段，合理的惩罚教育，才能取得较好的教育效果。同时，还必须坚持公平性和适度性原则，让治理的功效最大化。

三、 将校长权力放入制度的笼子里

关键词解读 ▶ 校长权力

校长权力不同于校长职责。学校权力和校长权力，它是一种公共权力、委托权力、制度权力和职位权力，具体是指校长依法支配人、财、物等公共教育资源，治理教育教学事务，是确保教育质量与教育效能的一种职权。[①]同时，对校长权力边界的确定应遵循以下基本原则：校长权力应有助于实现教育公共性，校长权力应受到"监督"而不是"限制"，校长权力应与校长责任一致，校长权力应与国家政治体制、治理体制及文化传统相适应。

锦囊妙解

这里有一个小故事：一间蜂蜜工厂的仓库里，洒了很多蜂蜜，吸引了许多苍蝇飞来吃，而且因为蜂蜜太香了，它们都舍不得离开。不久，这些贪吃的苍蝇都因脚被蜂蜜粘住而飞不走了。当它们快溺死时，很难过地说："我们真是太贪心了，为了短暂的快乐，却赔上了宝贵的生命。"

贪婪是一切祸乱的根源，不论做人处事，都必须谨慎。与人相处，若好贪便宜，必将被人唾弃。《淮南子·缪称训》有云："无勇者，非先慑也，难至而失其守也。贪婪者，非先欲也，见利而忘其害也。"意思是：没有勇气的人，不是天生害怕，而是祸难到来便失去了他的操守。贪婪的人，不是

---

① 有关校长职权的探索并非是近代才有的，苏霍姆林斯基早在《和青年校长的谈话》中提及以公共权力、委托权力、制度权力和职位权力四方面为基础的校长职权把控，通过减冗杂、减刚性和减单一来面对和把控校长权力，把权力放进制度的"笼子"里。

天生嗜欲，而是见到利禄就忘掉了由此而来的祸害。知难而退，是谓无勇；见利忘义，是谓贪婪。因此不管你是谁，不管你做什么事情，都必须要有一个尺度，或者说有一条规章，如果越过了它们，就会导致不堪设想的后果，这也是衡量一个人是否守住自己身心的一大标志。而担任一所学校的校长，如果陷入贪婪，不知敬畏，跨越校长权力的界限，就违背了校长权力的公共性和责任性。

下面就校长权力情况进行一些梳理。

1. 明确校长权力特点

校长的权力，主要有人权、财权和事权。当然也包括决策权、计划权、实施权、检查权、总结评价权等。校长权力分为微观和宏观两个方面的特点：第一，微观方面，校长权力实际上属于治理权，其实质是学校治理权的使用权，而不是学校治理权的所有权。校长一旦从社会、政府那里得到学校治理权力的使用后，这种使用权在学校范围内就归校长所有。校长得到治理权的使用权后，就意味着要尽职尽责，完成治理任务、发挥治理的作用，实现权责统一。第二，从宏观而言，社会、政府一般都保留对下级的监控权、误用权力时的收回权；从微观而言，校长一般不可将重大事务的决策权、监督权和总体指挥权授出。

2. 清楚校长用权失度的原因

校长负责制赋予校长治理学校的实权，为校长们施展才华创造良好的条件，极大地调动了校长的工作积极性和创造性，但在实际工作中，为数不少的校长集学校各种权力于一身，对校内外一切事务，事无巨细，事必躬亲，陷入了事务的泥潭。也有部分校长把校长负责制误解为一个人说了算，一切治理手段都是指令式的。这种治理方式不适应当前重视人文精神的时代背景，不适应当前的整体状况，更与现代教育治理理论的核心思想相悖，因而在其助手及教师的心目中留下校长权力过于集中、用权失度、独裁专制的不良印象。透视此种现象，其产生的原因有四点：第一，校长自我角色的调适尚未到位，今日校长中的绝大多数曾是学校某一方面工作的能手，多年的业务养成了他们遇事躬亲、任劳任怨、勤恳务实的工作作风。第二，追求功绩的需要。校长负责制不但赋予了校长治理学校的实权，也明确了校长担负的责任，校长一般都是教育教学、教研业务上的尖子，有着强烈的事业心、责任感，肯吃苦、敢担责，追求成功。这种急于求成、急功近利的心理，往往会使其滥用手中的权力。第三，受封建专制统治积淀落后权力传统的影响。

第四，利益的驱使。权与利从来都是两位一体的，有权就能带来额外的利益。

3. 避免校长权力越界的方法

要矫正校长的用权失度，防止腐败，必须做好如下几条：

第一，校长要有高度的社会责任感和履责精神。从根本上讲，校长应对人民、社会、国家、民族负责；具体而言，应向师生员工负责；直接而言，应向上级行政部门负责。这三者从理论上是一致的，应防止和克服只对上级负责，而忽视对师生员工和家长负责，忽视对人民、社会、国家负责。从实践上讲，首先，校长的负责问题，最终落实在对学生的负责上。其次，校长在履责时，当上级领导违背治理规律，甚至以权谋私时，校长还要有坚持真理、向人民负责的勇气，要有帮助上级改正错误的能力和艺术。

第二，校长要有强烈的民主与法制意识，加强学校党支部、教代会的民主治理和监督作用，采用参与式的民主领导方式。校长要重视对教育方针、政策、法规的学习和执行，同社会、人民、国家保持一致，与时代同行，使自己手中的权力，成为执行教育方针、政策，遵守教育法规的工具，充分体现其治理权力的社会性、民主性、政策性和法制性。严防和克服偏离教育方针、违背教育政策和法规、个人独裁专断或以权谋私的现象发生。要依法治教，依法治校，把治理权力的运用纳入法制化轨道。一切权力都需要监督，否则极易导致专制和腐败。校长也需要监督，仅把希望寄托在廉洁自律上是不行的。如何监督？好的方式是民主治理，让党支部和教职工代表大会负责实施监督。保证上级部门宏观领导、校长全面负责、党支部履行监督、教职工民主治理的四位一体的治理体制。党支部是学校工作的政治保证，教代会享有法定民主治理和监督权利，校长的全面负责应该在党支部、教代会的参与、审议、保证、监督下进行。定期召开教代会，汇报工作、听取意见，加大决策透明度，自觉接受党支部和群众的监督，防止刚愎自用、独断专行。教代会制度必须进一步完善，教代会必须真正以主人翁的态度，参与学校治理、监督工作。

第三，校长要有强烈的"社会契约意识"。校长要明确自己的职责，忠于职守、履行诺言、在其位谋其政，全心全意为师生发展服务，为社会进步服务，为国家和民族振兴服务，努力提高办学质量。不能以权谋私，不能失职坏事。同时自觉接受舆论的监督和谴责。要接受社会监督、严格自我管理。严防重"权"轻"责"和能"上"不能"下"的倾向，做到权责相当，"上下"并举。

第四，校长要敢于分权，勇于授权，科学授权。受命于校长职责，就意味着要尽职尽责，完成治理任务、发挥治理的作用，实现责权统一。但是，校长就是校长，而不能是一位高级的办事员，他的一项重要工作就是在校内进行合理的分权和授权，使治理层次化，调动教师积极性、主动性、创造性，有效开发人力资源。校长在全面领导学校工作时，把手中权、肩上责分解开来，落实到校内各种角色的身上，让他们有职有权有责，各司其职，各尽其能，各负其责。校长则集中精力加强指导、协调、督促、考核，以强化各岗位教职员工责任心，充分发挥其工作积极性和创造性。

第五，校长必须正确看待手中权力的影响力，自觉加强自身的道德修养，务必做到公正廉洁，无私奉献，要有强烈的素养意识。校长的工作主要靠的不是手中权力的影响力，不是靠行政命令，而是靠非权力因素影响力，即校长的人格力量，校长在教职员工中的威望和影响力。"校长是教师的教师"，校长靠正确的教育思想、高尚的道德、渊博的学识，廉洁治教，无私奉献，逐步在教职员工中树立起崇高的威信，来实现有效的领导。"校长是教师的楷模"，校长自己首先必须道德纯正、公正廉洁、无私奉献，才能带出一支师德高、师风正、廉洁从教的教师队伍，从而做好教育教学工作。校长应努力完善自身素质。树立动态素质观和终身学习发展观，做到"权""能"相当，防止重"权"轻"能"的倾向。

第二节
现代学校制度

现代学校制度

办学宗旨
治理结构
教育教学工作开展
教职工管理
学生管理
资产与财务管理

一、学校制度的发展内涵与概括

二、构建合理组织架构

构建学校合理组织架构的思考
构建学校合理组织架构的优点
构建学校合理组织架构的实践

遵循有效评价系统的原则
建立有效激励评价系统的步骤和宗旨
制定有效评价考核制度的标准
应对绩效考核管理问题的方法

三、制定有效的绩效考核制度

建立和完善有序的竞争比较机制
建立和完善公正的竞争评价机制
明确竞争范围和类别
建立和完善互动的竞争循环机制
建立和完善有效的竞争监督机制

四、引入良性竞争体制

一、 学校制度的发展内涵与概括

关键词解读 学校制度

《中国近代中小学章程述略》的作者黄路阳曾在其著作中提及有关我国中小学章程的发展和演变历程，他认为学校制度是学习管理体制的载体，是依法治校的需要，它的完善与成熟不仅有利于落实学校的办学自主权，更能够构建现代学校制度建设动力体制和运行机制。学校制度亦被称之为"学校章程"，它是明确学校内部治理基本组织架构和运行机制的重要部分，是学校发展与运营的根本保障，是学校的基本大法，也是学校教职工、学生等责任人的行为管理依据，完善和实施科学的学校章程，有利于学校的稳定发展，为教育科研、教育改革提供良好的环境、奠定扎实的基础。

锦囊妙解

学校制度的每一项内容都事关学校发展，在一定意义上，办学宗旨与教学理念算得上是核心关键制度。纵观近年来我国办学宗旨与理念方面的指引和变化，从"扫文盲"到培养"德智体美劳全面发展的新时代学生"，从培养"三好学生"到重视素质教育、打造"适应社会进步与发展的全面型人才"……办学宗旨与教学理念直接关系到当下其他方面学校制度的研究，它是新时代改革大形势下的重要任务和首要问题，其发展事关教育事业的未来；事关依法治国战略的分支任务——依法治校、依法办学的落实；事关学校教育治理体系和学校治理能力现代化的重要发展。

为响应国家针对依法办学、社会参与、民主监督、自主管理的现代学校制度，并坚持当代"因材施教、寓教于乐"的教育理念，现代学校制度的设立是为推动学校发展，适应学校建设常态的系统化流程，其流程包括办学宗旨、治理结构、教育教学工作开展、教职工管理、学生管理和资产与财务管理六大基本部分。

1. 办学宗旨

办学宗旨是一所学校的灵魂，是校长教育理念的彰显，它体现"以人为本、以德育人""依法办学、从严管理"等不同教育理念下的差异性和独特性，对于培养人才具有导向性和指引性作用。为党育人的立场不动摇，为国育才的责任不能改，为民服务的初心不能变。

2. 治理结构

学校治理结构的发展具有"校长负责制"的趋向，校长应当全面肩负起学校内、外部的教育教学工作、管理日常，包含不仅限于绩效考核、校内设施建设与修缮升级的招标任务等事务。依据所需设置德育部门、教学部门、后勤服务部门、科研部门、安全保障部门等相关内部组织，科学地施行短期和长期聘任制相结合的聘任模式，进行合理的人职匹配和激励惩戒。主持日常与年初、年中、年末工作会议，审议学校重点事务和涉及教职工、学生切身利益的重大事项。相应地设立党总支、工会、家长委员会、学生会等组织，加强党团组织建设。

3. 教育教学工作开展

教育教学的管理是教育部规定甄选以及考核教材、辅导资料、教师、学生学籍等一系列翔实的日常管理活动，既要贯彻好国家、地方和本校三级课程管理体系，又要发展好本校的特色课程，推动教育科研的发展。

4. 教职工管理

当代教育工作中的教职工管理不同于传统意义上"教师选拔聘任与解聘"，是对教师实行绩效工资考核制度、调动教职工积极性的同时完善好惩戒章程，助力完善班主任教师、教科组教师的选拔与考核，培养真正让学生认可、让家长满意、让学校放心的、有竞争力的优质师资队伍。

5. 学生管理

在当地政府、教育部门的指导下做好入学管理工作，实行好国家有关义务教育划片招生和免试入学的种种政策，保障好符合条件学生"有书读""读好书"的权利，履行好学生入学、休学、转学等档案交接和手续审核的职责，辅助国家建立完善的学籍档案。

6. 资产与财务管理

依法承担学校应当承担的主体责任，准确无误地记录上报学校经营年度的预算、收入、支出、结转和结余，形成翔实的财务报告和财务分析；成立好招标工作小组、采购工作小组、工程监督小组等工作组，自主优化资源配置，实现人力资源的科学实用，避免冗职冗费。

二、　构建合理组织架构

关键词解读 组织架构

组织架构是学校治理的基本框架，是现代学校制度中治理体制的一部分，重构学校组织架构，推动学校治理体制改革，目的是优化资源配置，加强学校内涵建设，促进教育质量和办学品质的提升，最终促进教师和学生的发展，对于学校的治理起到了至关重要的作用，它影响着学校的信息传达、决策执行、发展规划、组织效能等，关乎学生和教师利益。

锦囊妙解

当下，越来越多的学校已认识到建设现代学校制度的重要性和迫切性，但实际情况并不容乐观，因为许多学校是在现有组织架构下对学校治理制度、资源配置与使用制度、评价制度等进行完善或重构，很容易在具体的实施过程中造成制度叠加、治理交叉等问题，现代学校发展呼唤学校组织架构的调整与优化。在这样的背景下，学校有必要继承传统，改革创新，以学校组织架构的重构，推动学校治理体制的改革，优化资源配置，加强学校内涵建设，实现学校在原有特色和办学品质基础上更好更快地发展。

以下从构建合理组织架构的"思考""实践"两个方面进行梳理。

1. 构建学校合理组织架构的思考

面对教育改革的发展形势，学校的组织架构方面均需要不同程度的革新，而组织架构不是一成不变的，它是顺应时代的需要和发展的。基于这样的认识下，构建学校合理组织架构的主张是：第一，合理组织架构应当以学生发展为目的，通力合作，探寻适合学生成长的课程及教育方式。表现为各部门之间在多方向、多领域、多样化、个性化和团队的协作。第二，新型组织架构应该立足学校治理体制改革，系统科学地思考学校的一般需求和发展性需求，加强学校核心能力建设，提升学校发展竞争力。第三，合理组织架构应该减少传统的常规治理职位，以现代科学观念构建一个富有研究性、专业化、更具执行力的新组织架构，以纠正原有组织架构中存在的治理弊病，推动学校在专业化道路上的发展。第四，治理撬动，实践创新。以学校合理组织结构的建构，推动学校治理体制改革，依法治校，科学治校，激发团队活力；整合资源，促进组织之间的协作与交流，建立具有实验性、示范性的现代学校科学管理体制。

2. 构建学校合理组织架构的优点

治理变革本身并不是目的，而是手段，意在促进教育教学质量和办学品质的提升，最终促进教师和学生的发展。其优势体现在三个方面：第一，有利于梳理学校教育教学中存在的问题。转变教师观念，调动学科组的力量，以研究为主要手段系统思考，不断创新、改进、优化，以提升学校研究力，引领学校发展。第二，有利于强化年级组长的领导力，稳定学校治理中心。年级组长可以全面灵活地安排教育教学工作，特别是对学科教学工作的管理。第三，有利于整合资源。提升各职能部门的服务意识，让广大师生在具体受益中形成对学校办学理念和核心价值观的认同。

3. 构建学校合理组织架构的实践

学校成立的各部门或各中心，是学校赖以存在的骨架，是指令得以传布的渠道，各部门或各中心不健全，校长就无法使其指令发生功效。部门健全之后，各中层管理者就必须尽量避免越级指挥，也避免随意越权报告。合理的组织架构，其实质是分解学校教育教学工作的具体任务，以师生发展为核心，在校长室的统领下，构建多中心、多样化、有协作性的现代学校组织架构，创新学校职能部门的排列组合方式，让校内各组织机构"功能效能"得到真正的彰显。接下来定义各个职能部门的真正内涵。

第一，校长办。实际上是"一个中心，两个基本点"。以教学为中心，以科研和管理为两个基本点。靠科研提水平，靠管理出效益，向教学要质量。

第二，教学（务）处。应赋予的职责是教学诊断，它不应只是安排课表，搞学籍招生的。

第三，德育处。应该赋予的职责是学生理想加油站。不仅仅是搞评价、扣分的，要力争上游。德育不搞大惊小怪，不要小题大做，应做永恒的事业；德育是让人惊讶，是拨开云层看世界，让每个家庭都感到有希望；德育要体现上不封顶、下要保底，要发展"四有"人才，即有品格、有知识、有纪律、有理想的人才。在精神建设方面，要有"慎独自律的精神、开放兼容的精神、科学人文的精神、天人合一的精神、礼义廉耻的精神、民主法治的精神、创新超越的精神"。

第四，教科室。应该赋予的职责是教改瞭望台，教研的情报中心，要站得比别人高、看得比别人远，知晓教育动态，掌握教师状况，为校长决策提供依据。而不仅仅是做做课题、收集教师论文等。

第五，安全办。应该赋予的理念是从谦虚门进来，经过德行门和智慧门，就可以从安全门出去。核心是加强学校人防、技防、物防、联防、巡防"五防"建设，各项工作形成常态。

第六，总务处。"一层杨柳一层风""一枝一叶总关情"。总务处主要是保障服务工作。

第七，学校图书馆。学校图书馆是学校知识信息的吞吐港，师生知识的周转站。

第八，心理咨询室。应该是鼓劲俱乐部，需要"对心理的按摩深度，对人生的激励广度"。达到"来时腹中空，去时力无群，出门正能量"。

第九，家委会。在学校教育上挖潜，在家庭教育和社会教育上开源。

在具体操作中，学校可以建立校长室领导下的年级部、研究中心、服务中心三大主体。其中研究中心分别为：学生成长研究中心、课程教学研究中心、国际交流中心、品质监控中心、教师发展研究中心；服务中心分别为：学校综合服务中心、教育教学支持中心、安全保障中心、后勤服务中心。这样做可纠正原有部门工作中偏事务执行、偏行政管理、少研究提升、少协同平等发展的倾向，理清学校执行体制机构内部之间的关系。发挥职能部门为师生服务的作用。传统的执行机构教务处、学生处（德育处）的设置容易使人进入一个理论误区，即把教育内容如德育、智育等作为学校职能部门划分的依据，且职能部门在工作中往往会不恰当地把自己定位为领导机构，不断地向年级部发号施令，导致年级部承担的任务及责任与所拥有的权力极不相称，最终阻碍学校工作的高效运行。

三、　制定有效的绩效考核制度

关键词解读　绩效考核制度

学校绩效考核是指通过一定的方法和客观的标准，对办学过程及其行为结果所取得的成绩和效果的综合评价，是学校实施科学治理的重要内容，是学校加强内涵建设、提高治理水平和教育质量的重要举措，是对教师工作的数量、质量、效益和贡献的评价[1]。其目的是要调动教师的积极性，变教师资源为教师人才资本。有效的绩效考核制度可以约束、激励、指导并充分调

---

[1]　张梦陵. 义务教育学校教师绩效考核的问题和对策研究［D］. 长沙：湖南师范大学，2011.

动学校部门和教职员工的积极性和创造性，使学校获得充分发展。

锦囊妙解

实施绩效考核，目的是为了不断提高教师的职业能力和工作绩效，提高教师在执教中的主动性和有效性，促进教育事业的健康发展。在教师绩效考核的价值导向上，要树立教师发展的评价新理念，尊重教育规律，坚持以人为本的教师价值取向，将教师的想法转换为工作动力，诱发教师工作热情，并让这种热情成为教师的行动自觉，真正唤醒教师的内在生命力。坚持教师绩效考核既要看现实效果，也要考虑其对学生成长和学校发展的长远影响；既要有定量考核，也要有定性考核；既要考核教师履行岗位职责的结果，也要考核教师工作的过程。在制订评价标准中，其实很难有一个相对客观的标准，因此在实际操作中，我们需要建立一套有效的系统来规范和界定绩效考核标准。

这里从"原则""步骤和宗旨""标准""方法"四个方面进行解读。

1. 遵循有效评价系统的原则

第一，要简明。评价激励系统的规则必须简明扼要，容易解释、理解和把握。第二，要具体。仅仅说"要有教育教学效果"，或者说"别出事故"是根本不够的，教师们需要准确地知道到底希望他们做什么，达到什么样的效果。第三，可实现。每一个教师都应该有机会，赢得某些他们希望得到的东西。第四，可估量。可估量的目标是基础，如果具体的成就不能与所付出精力联系起来，这样的计划白白浪费精力。第五，可按时完成。目标要在一个学年内完成。比如下面是一位教师的目标具体描述：在本学年，100%的学生在数学上取得可测量的进步。80%的学生达到或超过年终的数学考试分数段。过细的评价标准，很容易让教师厌倦，也使评价流于形式，失去本真。

2. 建立有效激励评价系统的步骤和宗旨

一个高效激励评价系统的建立，为学校治理省下大量的时间。因为每个人心中都有一面明镜，成绩是铁的事实，耕耘必有收获。以下五个基本的步骤，是建立学校有效激励评价系统的基本框架。第一，制定高绩效标准。第二，建立起准确、可行的工作绩效评价系统。工作绩效的评价，必须着重于工作规范与工作成果的评价标准，标准的制定一定要符合实际，依据工作目标，对教师进行审核。同时，这种标准一定要针对团队而非特定某个人订立。第三，培训对工作绩效的评价技巧，以及各管理者上情下达的沟通艺术。校长的言谈举止的最终目标"在于激励，而非激怒"。所以，绩效评价应该是向积极的方向努力。对于工作绩效考核为优秀的教师，除了对他们进行赞美、褒奖之外，更关键的是让他们明白学校对他们的重视与珍惜，从而使他们产生一种神圣的使命感与敬畏感。对于考核极差的教师，必须谈话、警示，给予应有的批评，但这些必须是善意的、建设性的，这仅限于工作，而非人身攻击。第四，制定范围较宽能提高工作绩效的指标，这会使激励评价系统更有可行性。这些指标将会使所有的人意识到存在的不足与改进的方向，从而进行自我绩效管理。第五，将激励评价与工作绩效紧密相连，这里的要点是紧密。校长和中层行政人员要让教师深切体会到两者关系的密切。对教师绩效的评价，最终都应在奖励上找到对应的坐标，哪怕奖励是微不足道的，也要始终不渝地进行。因为这样做，会使教师们认识到，确实有什么东西值得自己去努力拼搏一番。

3. 制定有效评价考核制度的标准

第一，标准必须具体。标准是考核中用来衡量教师的尺度，表示教师完成工作任务时，需要达到的状况。因此，标准必须具体，不能模棱两可。第二，标准应该适度。所谓"适度"，就是制定的标准既不能过高，也不能过低。第三，标准应当可以改变。考核的标准制定出来以后，并不是一成不变的，在必要的时候也可以略加改动。第四，标准应当有时间限制。如果没有时间限制，那么标准就没有什么意义了。第五，制定标准需要有具体的步骤。

4. 应对绩效考核管理问题的方法

第一，采取"分类考核，区别对待"的办法来制定相应的绩效考核指标。绩效考核指标不仅要符合教师职业特点和教育教学规律，还要符合本区、本校的实际。学校应根据教职员工不同岗位的特点，在考核内容上有所侧重。如对教师履行岗位职责、完成学校规定的教育教学任务方面，侧重考核教师工作努力程度、学生进步幅度和团队协作情况等；对行政人员的绩效考核，应主要侧重于目标达成、部门协调和服务质量等方面；对教辅人员和工勤人员的绩效考核，应主要侧重于岗位职责、服务教学和服务育人等方面。此外，对所有教职员工的绩效考核，都应注重考核团队协作精神。

第二，重点考核教育效果与教师发展等方面的实绩。对教师的评价不能以单一指标如升学率或学生成绩为依据，而应综合考量教育效果与教师发展等方面的实绩。教师绩效考核的内容主要是教师法定职责以及完成学校规定的岗位职责和工作任务的实绩，包括师德和教育教学等方面的实绩。在具体操作中，教师的年度绩效考核要从德、能、勤、绩、廉五方面综合考虑，各部分所占比重要合理。绩效考核还要有利于促进教师专业发展，不仅要从教育维度即从教育者的角度考察教师的素质、表现和业绩，还要从学习维度即从学习者的角度考察教师的终身学习意识，不断完善自我的表现和成绩，从而引导教师主动学习，不断提升自己的专业水平。

第三，确保义务教育学校教师绩效考核体系的多元、民主和公开。为保证绩效考核的客观公正，在对教师进行绩效考核评价时，应当采用多途径、多主体的评价方式，除了学校内部的自我评价外，家长、学生和社区的评价以及教师的自评也应该纳入教师工作绩效评价的参考内容，在提高评价的民主性基础上，增强评价内容和结果的客观真实性；应坚持定量考核与定性评价相结合、外部评价与自我评价相结合、形成性评价和阶段性评价相结合、全面检查与重点抽查相结合，使绩效考核能借助外部要求、规范与教师内在自我发展需求的双重激励作用，从而真正发挥应有的教育功能。

第四，建立绩效工资监督问责制度。在实施义务教育教师绩效工资制度的时候，也应考虑政策的实施者与监督者的责任是什么，以及与之相应的奖惩规定。

第五，严格执行绩效工资制度，确保绩效工资分配标准、分配程序的合理与合法。义务教育教师绩效工资政策规定，绩效工资中的标准部分奖励性工资的具体分配方案是由学校制定，学校运用好该比例，制定适合本校特点的工资标准。坚持多劳多得的原则，适当拉开分配差距，应打破论资排辈和"吃大锅饭"的现象，合理拉开教师的待遇差距，以保证教师的竞争和活力，充分发挥奖励性绩效工资的激励作用。

第六，不断改善教师的办公条件和生活条件，以多种方式激励教师爱岗敬业。改善教师的办公条件如拓展办公室、配备办公设备等，改善教师的生活条件如午休房、餐饮、交通、医疗等，有助于提高教师的工作积极性和工作效率，让教师安居乐业、爱岗敬业。

第七，可适当调整基础性绩效工资与奖励性绩效工资的比例。义务教育学校实施绩效工资不是简单涨工资，而是改变此前教师工资的结构，使教师实际的工作成绩及效果通过收入得以体现，奖优罚劣，从而调动教师工作积极性与创造性。

科学规范的教师考核评价机制的形成不是"毕其功于一役"，而要经历一个不断完善的过程，为适应当前教育改革发展的需要，有必要对学校绩效考核机制进行改进和重构，在已有规则和灵活性上达到巧妙的平衡。

四、 引入良性竞争机制

关键词解读 良性竞争机制

竞争是人类社会快速演进的原动力。英国著名科学家达尔文，揭示了地球上生物进化的客观规律——"物竞天择，适者生存"。达尔文在《物种起源》一书中认为，自然界的一切生物为了生存需要就必须竞争①。自然界的生物之所以能够从低级向高级、从简单到复杂不断进化，都是不断竞争的结果。人类尽管是高级智能动物，但还是需要生存竞争。这一客观规律是不以人的意志为转移的。竞争是社会发展动力系统中不可或缺的重要动力。而在学校，良性竞争是构建和谐校园"创造活力"的引擎；良性竞争是构建和谐校园文化基础的加速器；良性竞争是构建丰富多彩的和谐校园的助推力。我们正处在一个充满竞争的时代，学校领导必须重新界定自己和学校所处的地位。强有力的竞争，可以促使教师发挥高效能的作用，引入竞争机制，可以激发动力，产生活力。让每个教师，都有竞争的意识，并能投入到竞争之中，学校的活力就永远不会衰竭。

锦囊妙解

科学实验表明，竞争可以增加一个人50%或更多的创造力，每个人都有上进心、自尊心，耻于落后。竞争是刺激他们上进的最有效的方法，自然也是激励教师的最佳手段。学校如果没有竞争，就没有活力，也没有压力。学校也好、个人也好，都不能发挥出全部的潜能。所以当前，我们许多学校办事效率不高、效益低下，教师不求进取，懒散松懈，从根本上说，就是缺乏竞争的结果。有鉴于此，要千方百计将竞争机制引入学校治理中。只有竞争，学校方能有很好的发展，教师才能士气高昂。那么作为校长，应该如何建立良性竞争机制，创造公平竞争环境？公平比太阳更有光辉，正义比权力更有力量。

在这里，可从"竞争比较机制""竞争评价机制""竞争范围和类别""竞争循环机制"和"竞争监督机制"五个方面谈谈。

---

① 打造良性的竞争机制和竞争体系是"物种起源论"在教育领域和教育管理方面的利用延伸，通过适者生存的方式剔除和淘汰掉没有竞争力的存在者，借由生存压力创造发展动力，把引入良性竞争机制作为活跃体系和活跃领域的新鲜生命力，用竞争的结果来判定教师能力的高低。

1．建立和完善有序的竞争比较机制

要打破各种条条框框的限制和论资排辈等习惯势力的束缚，不拘一格选人才，推行和完善竞争上岗等办法；公开选拔工作中的条件、标准、程序、结果，让符合条件的教师在同一起跑线上公开竞争；坚持和完善差额选举制、聘任制，并适当扩大差额选举制、聘任制的实行范围；强化考任制度，扩大公选范围，延伸公选层次，从制度上打造各类人才公平参与竞争的平台，形成一种海纳百川、广纳群贤的识人用人机制。逐步规范工作的程序和办法，使公开选拔和竞争上岗工作制度化、规范化，变"伯乐相马"为"赛场选马"，变"领导点将"走向"制度选人"，实现由"静态用人"向"动态用人"方式转变，由用"好人"向用好"人""能人"并重转变，完全凭真才实学和工作实绩决定用人的升降去留，形成比工作、比学习的良好风气，使领导凭印象和亲疏取人的现象得到有效遏制，为优秀人才脱颖而出开辟快车道。

2．建立和完善公正的竞争评价机制

对中层管理人员的评价重在得到教师们的认可，这就是说今后考察中层管理人员的优劣功过、是非，教师们的意见将成为重要的衡量尺度。在中层管理人员考核评价工作中扩大民主、反映民意，主要是通过完善民主推荐、民主测评、民主评议制度来实现的。对中层管理人员的考核评价，要坚持科学的发展观，注重民主性与科学性的统一，只有"把教师认可"作为考察评价中层管理人员的尺度，才能从根本上改变多年来形成的"唯上"而不"顾下"的积习。对于基层教师，要建立健全不同层次、不同类型人才的岗位职责规范，研究制定符合科学发展观要求的，以工作实绩为主要内容的中层管理人员和教师考核体系。要建立和完善定期考核和日常考核制度，拓宽考核渠道，扩大考核评价的覆盖面；还要建立健全考核评价责任制，通过这些制度措施，防止用人失察失误。

3．明确竞争范围和类别

教育生态与自然生态、经济生态一样，有其客观的规律。在教育周围，由自然环境、社会环境和规范环境相互交织，组成多维复合的网络结构。从而，由教育与周围环境组成教育生态系统。在教育生态系统的内部和外部都存在着竞争。学校之间的竞争同样存在，主要表现在教育质量优劣的竞争、学术水平高低的竞争、治理机制有效与否的竞争等。具体地说，各学校之间

存在重点学校、知名学校、品牌名校之争，所有这些竞争，不仅关系到对学校经费的投入，更重要的是关系到学校的社会地位，这具有战略意义和深远的影响。

4. 建立和完善互动的竞争循环机制

中层管理人员能上不能下的问题，是培养选拔中层管理人员的重要障碍，不实现干部"能下"的刚性要求，就不能实现领导干部的良性循环。

5. 建立和完善有效的竞争监督机制

监督机制是建立和完善良性竞争机制的保证。要强化对人才选拔任用工作的监督，把普遍检查与重点抽查结合起来，把上级检查与自我检查结合起来。坚持公道正派地选用人才，仅仅靠个人的觉悟和自觉是远远不够的，还必须有严格的监督和外在的约束。

第三章
团队建设

　　人们常说："成事在人。"这话一点也不错。不管学校组织有多完备，引进多少新颖的方法，如果无人加以发挥，也不会有好的效果，自然也就无法完成学校教育所赋予的使命。

　　成就伟大的事业需要狂热。如果没有对自己追求目标的狂热，就不可能诞生优秀的学校。更为重要的是，校长要以自己的狂热和魅力感染教师团体，使他们的学校拥有团队精神，以追求集体的成功，以团队的共同愿景为目标而相互协作、相互促进，尽心尽力地发挥作用。在学校的发展中，许多工作的出色完成，无不是团队共同努力的成果。因此，我们不仅要提高个人的能力，更要形成学校整体团队的优势和特色，这就要求我们具备创建学习型团队和进行系统思考的能力。

第一节
有效提升教师团队的效能

有效提升教师团队的效能

校长率先垂范
中层群策群力
尊重催生责任
创造优质平台

一、提高教师团队的凝聚力

二、发挥"传帮带"作用

师徒结对
导师制
教师培训

激励方向
激励原则
激励入手点
信任激励
尊重激励

三、灵活运用激励手段

四、团队精神助推学校发展

注重校长核心作用的发挥
注重团队领导者的培养
注重教师队伍团队精神的培养
注重学生团队精神的培养

创设协同共进的和悦氛围
搭建展示特色的成长平台

五、共生效应助推教师专业成长

团队其实是一群为了共同的目的而走在一起工作的人，他们相互依赖，以实现共同的目标。教师的团队成长要把握好四个发展路径：即岗位实践、同伴互助、专家引领和网络研修。我们必须认识到，团队并非是所属成员简单组合的工作群体，它是一个有机的、协调的、有章可循的结构合理的整体。因为每个人的能力都是有限的，当一项工作或任务远远超出个人能力范围时，进行团队协作就势在必行。也要把握好师徒结对、项目研究、案例研究、观课议课、以读促写、以赛促学、成果梳理、外出研学八个举措。团队不仅能够完善和扩大个人的能力，还能够帮助成员加强相互理解和沟通，把团队任务转化成自己的任务，真正做团队工作的主人翁，团队成员也会在团队协作过程中迅速成长起来，要梳理好自主发展与群体发展、自主学习与外出研学、集中活动与分散研究、埋头苦干与抱团取暖、个人发展与组织推进、个人经验与学校表达等关系。

任何一个教师，如果着眼于目标，融于团队，在做事的过程中坚持以是否已经量化自身标准来衡量自己的做事愿望，以科学的学习方法来检验自己对方法的学习效果，以是否进行了相关的活动来提高团队成员能力，来建立自己的能力发展目标，不仅可以提高教师的全局意识、成长意识、团队意识、岗位意识、责任意识、创新意识、学习意识、课程意识、评价意识、质量意识，还可以促进团队的成长和整体工作效能的全面提高。

一、 提高教师团队的凝聚力

关键词解读 凝聚力

凝聚力主要是指学校对每个教师的吸引力和向心力，以及学校教师间相互依存、相互协调、相互转化的程度和力量[①]。具有强大凝聚力的学校需要具备明确的目标、清晰的角色分配、完善的任务和流程。团队凝聚力所反映的是一个群体朝着某个目标行动的一致性和坚持性，团队凝聚力的充分发挥有利于提高学校教育教学质量，保证学校的稳定和发展。培养教师的团队凝聚力，对于夯实学校发展、规范教师行为、促进教师合作、促使教师在工作中形成认同感、归属感、责任感、使命感和自豪感，具有重要而深远的意义。

---

① 李飞. 价值共享：提升教师团队凝聚力的新视角［J］. 思想理论教育，2010（10）：9－14.

锦囊妙解

教师形成凝聚力，能精神饱满地工作，这是提高教学质量的前提。因此，校长要全面地看人，合理地用人，科学地管理人，充分调动全体教师的积极性，发挥潜能，优化组合，求同存异，取长补短，加强学习，提高自身的综合素养。提高教师团队的凝聚力，可以从示范、策划、尊重、平台这几个关键词着手。

1. 校长率先垂范

要提高教师团队的凝聚力，校长必须率先垂范，以榜样的示范作用提高凝聚力。要保持校长个人高度的守正，发挥领头雁的作用，心理上与教师保持亲近。校长的工作，首要是领导，其次是管理和服务。校长的率先垂范不仅起到行为的表率和带头作用，更重要的是满足教师对领导的心理服务需求。校长是学校的一面旗帜，是学校办学理念的倡导者，是学校办学目标的思考者和践行者，是学校内部氛围的营造者。所以就出现了"有什么样的校长，就有什么样的学校"的评判取向，校长的个人素质和魅力也在一定程度上决定着教师团队凝聚力的持续。

2. 中层群策群力

学校中层管理团队群策群力，打造学校管理层的凝聚力。首先，校长需要与中层管理人员共同构建并反复明确共同愿景，时刻提醒要将学校发展目标与个人目标融合为一体。有了共同的愿景和目标，学校管理团队内部成员之间就会形成巨大的能量场，相互吸引，共同成长，从而增强团队的凝聚力。共同愿景是团队统一行动的准绳，但凡校长发现中层管理团队出现偏离共同愿景的言行，都要把握恰当时机进行纠正、引导，甚至批评教育。学校中层管理团队是否团结一致、齐心协力，直接影响教师队伍的凝聚力。

3. 尊重催生责任

尊重每位教师，使教师产生责任感。校长作为学校的第一责任人，既是领导者，又是管理者。因此，校长的一个重要任务就是要经营好人，要有利群大于利己的观念，才能做到有的放矢，知人善任。要善于挖掘教师个人特点，使每个教师都各尽其能、各显其才，带着愉快的心情做事。要善用"翁格玛利效应"① 来激发教师的斗志，从而使教师更好地认识自我、挖掘潜能、增强信心。它传达了管理者对教工的信任和期望值。尊重和认可是产生动能的催化剂，运用"信任暗示"去激发教师的创造力，能缩小校长与教师之间彼此的心理"位差"，增强教师队伍的凝聚力和向心力。

4. 创造优质平台

校长要善于营造公平的环境，提供教师施展才华的舞台。任何一所学校，影响凝聚力的不是学校里机会多或被赏识的教师，而是被忽略、埋没或没有机会展现才华的个体。为此，学校要提供相对公平的环境，创造一个让不同特色教师充分发挥优势的平台，同时开设适合不同阶段和群体的教师培训。让教师在做中阅读自己、审视自己、鉴定自己，从而发现需要提升的领域。

二、 发挥 "传帮带" 作用

关键词解读 ▶ "传帮带"

"传帮带"是经由指定导师个人或群体具体指导特定对象的个别化教育实践，以促进个体不断创新发展的程序模型②。新任教师观念新、知识面广（尤其对现代信息技术的掌握）、思维敏锐、自信心强，但他们步入教坛初期难免会缺乏实际工作经验，他们的思想观念和学校实际状况、教师职业要求不是完全相适应的。因此，新任教师需要培训，学习"标准"，掌握"规范"。熟悉"规范"，规范教育教学行为，是新任教师学习的重点内容。新任教师学习要以"掌握专业规范，夯实专业基础，提高育人能力，强化综合素质，积极主动发展"③ 为主要任务，以练就一身过硬教育教学基本功、规范教育教学行为为主要职责，出成品，缩短职业适应期，尽早成为学校发展的生力军。在这种要求下，依托"传帮带"的方式对新任教师进行全方面培训和指导，就显得尤为重要。

---

① "翁格玛利效应"意思是指一种强大的心理暗示：你很棒，你能够做得更好。引自宫天宇. 翁格玛利效应 [J]. 中国邮政，2005（6）：39.

② 姜洋，马振峰. 浅谈"传帮带"在高职青年教师培养中的作用 [J]. 辽宁高职学报，2011（1）：87－89.

③ 王希，朱东敏. 提高教员综合素质 增强教员育人能力 [J]. 山东文学，2009（A4）：153－154.

锦囊妙解

那么，作为一所学校的校长，怎样组织全校教职员工发挥"传帮带"作用，把提高教育教学整体素质的重点落实到青年教师中去，使这支生力军成为主力军？

可行的做法主要有"师徒结对""导师制""教师培训"这三种方式。

1．师徒结对

即由学校指定一位教学经验丰富的老教师，通过签订合同这种具备仪式感的方式，师徒正式结对，由这名学科骨干教师对青年教师边工作边指导，集中精力帮助青年教师了解本学科知识结构，掌握新课标，熟悉教材编写体系，懂得课堂教学组织方式等，让青年教师尽快完成从新教师到基本合格教师的过渡。为了防止"师徒结对"流于形式，需要采取一定的措施，形成"需求导向、问题导向、实践导向和能力导向"的基本方案。对"师徒结对"活动过程进行量化，实行管理目标责任制，帮助青年教师参与各级各类教学活动。

2．导师制

教师的专业素质、教学技能、教学方法不可能一蹴而就，个别学科组青年教师比重大，老教师"一帮一"存在困难，可以运用导师制形式开展对青年教师业务上的"传帮带"工作。各学科组长可以根据培养对象制订培养目标、培养计划，由年级组负责检查落实情况。导师对青年教师的任课，多听细评，当堂指导，听课意见、建议及时反馈。导师分阶段对青年教师培养情况进行总结，教导处或课程中心年终组织教师听课议课，分析青年教师所任学科学生考试成绩，对教学情况进行调查，并形成书面总结，对培养工作落实得好、青年教师进步快的导师给予表彰。

3．教师培训

在施行"师徒结对"和"导师制"的同时，学校需要开展系统化的青年教师培训，形成集中理论学习与观摩实践两大培训系列，组成教师职业道德修养、教育理论更新、专业知识拓展、专业技能提高、实践活动演练五大模块。学校可以组织教师学习学科教学方面的专业理论，借以开阔青年教师的视野；邀请老教师做专题讲座，解决教学上的具体问题，促进其在实践上的不断创新；指定阅读专著，探讨遵循学生的心理发展规律，实施教学优化组合；组织青年教师座谈会，进行专题讨论等；组织青年教师的公开教学，并指导青年教师的评课活动；组织青年教师总结教学经验，从中探讨学科教学规律，并写出专题报告。

通过"传帮带"，一方面，促使青年教师尽快掌握教育基础知识、基本技能、基本教学法，为教育教学能力的全面进步和提高打基础；另一方面，这种"传帮带"不仅成功地解决了教师年龄结构、教学衔接的问题，同时也促进了整体教师队伍教学水平的提高。

三、 灵活运用激励手段

关键词解读 激励

什么是"激励"？心理学家一般认为，人的一切行动都是由某种动机引起的，动机对人的行动起激发、推动、加强的作用，是把一个人从"要我做"变成"我要做"的状态过程。美国心理学家贝雷尔森给激励的定义是："一切内心要争取的条件、希望、愿望、动力等都构成了对人的激励。"[①] 有效的激励会点燃教职员工的激情，促使他们的工作动机更加强烈，从而产生超越自我、他人的欲望，并将其潜在巨大的内驱力释放出来，为学校的愿景目标奉献自己的热情。

锦囊妙解

一名优秀的校长，懂得建立科学的、多元化的激励机制，抓住激励的本质，更好地灵活运用激励手段，调动教职员工的积极性，以增强学校的凝聚力、向心力、战斗力和竞争力。

这里，可从"激励方向""激励原则""激励入手点""信任激励""尊重激励"五个方面来谈一谈激励手段。

1. 激励方向

校长必须选择正确的激励方向。激励在方向上有正强化、负强化和消退三种方向。正强化是应用激励的手段，保持和增强某种积极行为。如授予荣誉称号、表扬、奖励、职务提升、委以重任等。负强化则是抑制某种不良行为，如批评、处罚、降职、开除等。消退则是不给予任何激励，让其自然消

[①] 现代应用心理学认为，激励来自一定的、强烈的行为动机，是行为动机催生需要进而产生激励作用。

失。上述三个激励方向中，尽管可以根据不同的情况采用不同的激励方向，但在大多数时候效果最好的是正激励，非特殊情况，我们尽量不要采用负激励。

2. 激励原则

我们需要坚持激励的差异化原则。美国心理学家马斯洛认为，人的需求是"生理—安全—社交—受尊重—自我实现"这样一个由低到高逐步发展、逐级追求自身需要的满足并从中受到激励的过程。不同的人在不同的需求层次上，只有采用不同的激励才能对他们产生效果。已经得到的满足不再具有激励行为的能力，占主导地位的优势需求会随着人们经济状况和实际情况的变化而改变。在学校治理中，激励的对象是个体，而个体的需要构成、个性特征、自身素质、工作能力都存在很大差异，而且这些差异也是随着各种因素的变化而不断发展变化的。校长必须充分考虑和重视个体差异，针对不同教职员工的需要，采取不同的激励方法，以达到最佳的激励效果。比如有的教职员工喜欢创造性的工作，特别在乎工作的挑战性；有的喜欢趣味性的工作，对有趣味性的工作才能全身心投入，有的成员在感情上的归属感特别强，和谐的团队氛围对他们特别重要等。

3. 激励入手点

大部分时候，作为校长，应该更多地从工作本身入手激励教职员工。许多学校的治理实践告诉我们，要真正调动组织成员特别是高素质成员的积极性，必须从工作本身入手。只有工作本身，才真正具有激励动因。要随时随地注意培养、塑造教职员工的自豪感、成就感，使他们在工作中实现自己的人生价值。所以要为教职员工提供最大限度地发挥个人能力的条件，使他们的聪明才智得到最大发挥，从而在工作中获得成就感和满足感。要淡化带有平均主义倾向的"保健"手段，坚持激励为上的效率优先原则，使被激励者在激励中感到独特的自豪和优秀者的自尊。激励本身要公平公正，要得其该得，如果激励本身不公平、不公正，那么产生的副作用比不激励还要严重。要逐步把针对大家的"保健"因素改为针对个体的激励因素，只有克服了激励上的"大锅饭"，被激励者得到的激励才称得上有意义的激励。

4. 信任激励

信任是最好的激励，信任需要智慧，信任需要胸怀，信任需要勇气。要具有用人不疑、疑人不用的胸怀。基于信任的激励是指信任与激励的一体化，是更符合人类本性的激励。近年来，从参与管理到团队合作，再到自我管理，激励的方式方法已显现出基于信任的激励发展趋向。信任所产生的激励作用是一种内在激励，是一种从内部自我升华的激励。当使用外部激励的时候，这种激励来自管理者，而不是教师，其最大的缺点就是要不断地给教职员工原始的激励，并保持外部的威胁或奖励。内在激励可以激发出一流的教职员工，而外在激励是针对那些采取抵制态度的人。信任可以使人的心情舒畅，注意力集中，并且对工作充满激情；信任可以使人与人之间的摩擦减少，使管理更为有效，并形成一种互相支持的工作关系；信任可以使学校中层与校长协调默契，合作更有成效，更有利于充分发挥他们的能力。信任可以使学校领导不必过分地控制教职员工的活动空间，给他们更多的思维和工作空间，使他们不必为保护自己而过分忧虑。因此营造信任的氛围是学校发展之需，信任可以形成良好的心理契约，也可以有效降低防范投机行为，促使学校内部资源更合理地运用，从而提高组织效能。

5．尊重激励

在人的五种需要中，生理、安全和社交是低层次的，尊重和自我实现是高层次的。在现代学校内部，大多数人需求的是尊重和自我实现的激励。对于做好尊重激励有五个方面的原则：第一，尊重教职员工的主人翁地位和人格。从根本上保障教职员工主人翁地位的实现。第二，尊重知识、技术和能力。第三，尊重选择，营造自由的空间。在规范下，教师有教育教学的自主权。第四，提倡团队精神，建立良好的伙伴关系。让学校上下同心，俗话说："人心齐，泰山移。"只有上下同心同德，同频共振，学校才能拧成一股绳，才能使教育效益和社会效益最大化。第五，尊重需求，进行开放式管理。建立教职员工沟通制度，公开交流，随时随地沟通。

治理的研究与实践永远都是本着"问题导向在前，方法支持在后"的思路进行的，所以具体治理问题解决的手段和形式，需要校长依据实际情况做出判断，否则再精致的逻辑放在治理实践中也会变得粗糙不堪。

四、 团队精神助推学校发展

关键词解读 团队精神

随着时代的发展，团队精神越来越受到人们的关注和重视，已经成为新时期社会发展的必然要求。团队精神具体是指为了追求一个共同的任务目标，各成员之间相互协作、团结进取，在实践过程中逐渐形成并表现出来的一种精神、一种氛围、一种力量。[①] 这些因素的存在，可以持续不断地激发团体内各成员的潜在能力和实践技能，并且形成强大的工作合力，探寻到最佳的合作方式。近年来，团队精神在学校治理中的作用越来越重要。团队精神在学校治理中发挥着指引方向、凝聚合力、约束制度、促进发展等方面的作用，成为加强学校科学管理的重要举措和现实途径。

锦囊妙解

有这么一幅壮丽的场面：一望无际的天空，飞来一群排成"人"字形的大雁。大雁为什么要排成"人"字形飞行？因为大雁在空中飞行的时候，"人"字形排列的大雁翅膀之间形成一个负气压，这样飞比较省力，但是只有一只大雁享受不到这个好处，这就是头雁。但是头雁累了就退到后面，然后一个一个顶上。

还有一幅壮丽的画面：广阔无垠的旷野上，一群狼踏着积雪寻找猎物。它们最常用的一种行进方法是单列行进。一匹狼跟着一匹狼，领头狼的体力消耗最大。作为开路先锋，它在松软的雪地上率先开一条小路，以便让后面的狼保持体力。领头狼累了时，便会让到一边，让紧随其后的那匹狼接替它的位置，领头狼默默地跟在队尾，养精蓄锐，随时迎接新的挑战。

这两个场面让我们得出一个结论：没有善于牺牲的团队，绝对不是强大的团队。强大的团队，都是有个体愿意为整体牺牲的团队。凡是强大的团队，都是个体牺牲后能够得到回报的团队。狼的团队使它们获得草原之王的地位，大雁的团队使它们成为地球上飞得最远的鸟类之一。

调查发现，学校治理方面存在不少问题，其中比较突出的就是教师、学生团队精神严重缺失的问题。所以进一步加强学校团队文化建设，可以促进教师、学生团队精神缺失的深度纠偏，可以增强学校治理团队的凝聚力，可以有效提升学校治理团队整体水平，以此更好地促进学校快速发展。

那么，学校团队精神文化如何构建？

1. 注重校长核心作用的发挥

毫无疑问，校长在加强团队精神方面是起着核心作用的。校长必须确认自己是作为加强学校治理第一服务者的角色而存在的。校长要努力实现自上

---

① 李飞. 价值共享：提升教师团队凝聚力的新视角 [J]. 思想理论教育，2010
(10)：9 - 14.

而下的团队精神的培养；要全面加强学校团队管理方面的制度规范和制度建设；要坚持确定高尚的学校发展目标和办学宗旨；要在每个层面中都积极渗透出团队精神和协作意识，通过加强团队协作意识圆满完成教育教学的各项任务目标，赢得学生、家庭和社会等方面的充分肯定和高度赞扬。

2. 注重团队领导者的培养

在以团队精神为主要内容的学校治理中，作为团队领导者的模范行为更加具有现实的指导意义，其行为方式和为人处世的方式能够随时感染每位成员，并且指引着团队成员更加自觉地凝聚团队精神，采取行动贯彻落实团队的目标。因此要注重团队领导者的培养，使之能够始终坚持团队精神感召下的以人为本的原则和理念，积极组建更加科学合理的学校管理团队，充分发挥团队各教职员工的专长，增强团队教职员工发现实际问题、分析实际问题和解决实际问题的能力，实现人尽其才、才尽其用。

3. 注重教师队伍团队精神的培养

在新形势的要求下，教师作为学校治理的主体力量，提升教师队伍的素质被放在越来越重要的位置。学校应该更加注重教师队伍团队精神的培养，努力促使教师队伍通过规范的言谈举止、专业水平、职业操守、理想追求等方面，体现出教师队伍强烈的团队精神，最大限度地符合社会和时代对现代教育管理的期望和要求。鼓励教师在加强团队精神的同时，进一步增强团队创新意识，努力在日趋激烈的竞争中充分彰显出学校的独特优势。

4. 注重学生团队精神的培养

有目的、有计划地向学生传授团队精神的基本理论，使学生能系统地学习和掌握它，为团队精神的内化养成奠定理论基础。通过对学生进行团队精神的理论教育和灌输，使他们认识到团队精神的重要性，并逐渐在头脑中确立起团队精神的概念。班级是学校的基本管理单位，通过开展形式多样、丰富多彩的班级集体活动，使学生在既竞争又合作的过程中能彼此关心、互相爱护、树立自信，以培养学生的集体主义精神和团队意识。例如思想品德活动、主题班会、文体活动、科技活动、游戏活动等课程。学生团队精神的培养是一个长期的工程，它靠的是教师的教育引导、学生个人的文化素养和社会舆论的影响，只有通过学校、家庭、社会的合力作用，才能培养出具有强烈集体主义精神的学生团队，进而使团队中的每个学生得到发展，使素质教育落到实处。

五、 共生效应助推教师专业成长

关键词解读 共生效应

在植物界有一种"共生效应",即某种植物单独生长时会枯萎死亡,而与另一种植物一起生长时两者都会生长旺盛。[①] 在学校治理中,我们引导教师改变"非赢即输"的思维定式,强调相互合作,共同提高,引导教师树立"共赢"思想,从而实现教师的共同成长。

锦囊妙解

这里有一则故事:从前,有两个饥饿的人得到了一位长者的恩赐,长者给了他们一根鱼竿和一篓鲜活硕大的鱼。其中,一个人要了一篓鱼,另一个人要了一根鱼竿,于是,他们分道扬镳了。得到鱼的人原地就用干柴搭起篝火煮起了鱼,他狼吞虎咽,还没有品出鲜鱼的肉香,转瞬间,连鱼带汤就被他吃了个精光,不久,他便饿死在空空的鱼篓旁。另一个人则提着鱼竿继续忍饥挨饿,一步步艰难地向海边走去,可当他已经看到不远处蔚蓝色的海洋时,他浑身的最后一点力气也使完了,他也只能眼巴巴地带着无尽的遗憾撒手人间。

故事里有另外一种解决办法:两个饥饿的人,他们得到了长者恩赐的一根鱼竿和一篓鱼,他们并没有各奔东西,而是商定共同去寻找大海,他俩每次只煮一条鱼,然后他们经过遥远的跋涉,来到了海边,从此,两人开始了捕鱼为生的日子。几年后,他们盖起了房子,有了各自的家庭、子女,有了自己建造的渔船,过上了幸福安康的生活。

这个故事让我们知道:一个人只顾眼前利益,得到的终将是短暂的欢悦;一个人目标高远,但也要面对现实的生活。只有把理想和现实有机结合起来,才有可能成为一个成功的人。理想往往是遥远的"海洋",现实往往就是眼前的"饥饿",要克服现实的困难去实现理想,只有毅力是不够的,还要学会与他人合作,取长补短,相携共进,大家共赢。

---

① 共生效应,是指一定的参照群体中的人们,在从事日常的劳动、工作和学习时,受到群体中成员的智慧、能力及以往的劳动成果的影响,在思维上获得启发,能力水平得到有效提高的现象。这种影响是群体成员之间相互的、潜移默化的,是发展与发挥个人潜能的社会激发因素之一。

而作为校长，如何为学校教师创造"共生"和"共赢"的环境呢？这里有几个方法供大家参考。

1. 创设协同共进的和悦氛围

学校把善于合作、乐于合作的教学骨干分散安排在各年级、各学科教研室之中，这样的调配有利于平和教师的心态。因为年龄、水平差不多的教师之间最容易产生不良竞争，所以这样分散的调配不仅能减少不良竞争的概率，也有利于专业引领和同伴互助。学校对教师考核时，注重过程与结果兼顾。一方面，将合作意识与能力作为一项重要指标；另一方面，更加细化过程性考核。例如在考核常规教学中，采取每周检查的办法，在学业成绩评定上，突出纵向对照分析。这样的考核，显示出教师逐步成长的过程，有利于教师之间的合作。过程和结果兼顾，竞争只是手段，发展才是目的。但当前一些学校把竞争作为激励教师的主要手段，而许多教师又片面认为竞争就是展现自我，突出自我，更有甚者，通过贬低别人、抬高自己来达到追逐名利的目的。竞争之激烈，让不少教师背上了沉重的心理负担。所以，在量化考核、评优评先等工作中，要注重走民主化道路。在面对成绩时，多以"这是我们全体老师共同努力的结果，是我们团队的荣耀"来勉励教职员工。

2. 搭建展示特色的成长平台

每一所学校都不乏各具特点的骨干教师，他们或教学经验丰富，或教学理念新颖，或班主任工作有创意，或某项教学技能有特长。学校领导要善于发现这些可贵之处，除了让他们与青年教师师徒结对外，还要定期组织班主任沙龙、青年教师沙龙、信息技术运用演示、论文交流、读书分享、教科研成果展示和研究性学习成果评比等活动，以赛激趣、以赛育人，不断通过多种形式，促使教师更新理念，转变教学行为，优化教学策略。

第二节

唯才是举，优化好教师队伍

唯才是举，优化好教师队伍

了解教师三阶段
了解教师普遍心理特点
了解衡量教师能力的尺度

一、了解教师是管理好教师的前提与保障

二、让教师人尽其才，用好"刺儿头"

校长可以这样用人
校长不可以这样用人
用好"刺儿头"

"五要"
用才要发挥其专长
用才要重视其"偏长"
用才要以诚相待，充分信赖
用才要能容人之短
用位置和待遇寻高才

三、选人、用人有道

"五忌"
忌以貌取人
忌只看文凭学历，不注意实际能力
忌计较鸡毛蒜皮
忌喜权势厌贫贱
忌以个人的好恶为标准

四、如何有效扼制"不和谐者"

理智鉴别
以身作则
适当惩治
换个环境
绝不妥协

一个学校如何选好人、用好人？绝非小事。它直接影响着学校人事的开发和效益的增减。教师是兴校之本，是学校的灵魂。离开教师，学校只能唱空城计，作为校长，如何算好用人这笔账呢？

用人是智慧之术，校长的智慧与才干，体现在他用人的能力上，校长不仅要会用人才、会用天才，更要用好普通人，甚至是有缺点、不和谐的教职员工。金无足赤，人无完人，事物总是对立统一的，人才也是如此。人的优点和缺点常常是并存的，即便是才能很高的人，也有其缺点。作为学校领导者，如果在任用人才的时候，喜欢求全责备、百般挑剔，那么他所选的人，只能是一些平庸之辈。只有放弃成见，兼收并蓄，才能做到任人唯贤，干出一番事业。一个善于用人的学校领导，能让每一个教职员工发挥出潜能，从而组建成一个强有力的共同体。我们需要有激情、善应变、充满活力的人，要敢于重用那些看起来没有经验的年轻人。而一个不会用人的学校领导，他的下属既无法人尽其才，也不能团结一心，犹如一团散沙。一个好的治理局面，必须是中层行政人员及教职员工特长得到合理发挥，从而有效地抑制其校长治理能力不足给学校带来的损害。唯有如此，才能充分挖掘出学校的生命力，给学校创造价值，为学生生长提供空间。

用人是一门艺术，根据教职员工不同的性格、才能、思想，制定相应的对策，不要让教职员工空耗精力，而是让他们在各自的岗位上大显身手，这是用人的真谛。作为校长，多审视自己的用人缺陷，是否谙熟用人之道，是否能因人而用，是否能把员工拧成一股绳……这些问题在很大程度上决定着学校的兴衰成败。说到底，校长只有念好用人这本"经"，才能盖好学校这座"庙"。

一、 了解教师是管理好教师的前提与保障

关键词解读 了解教师

作为学校领导，应时刻提醒自己，不论校长任职时间长短，都要时刻保持对教职员工实际情况"毫无所知"的心态，因为有了这种谦逊的态度，才能不忘处处观察教师的言谈举止，这才是了解教职员工的最佳捷径。《淮南子·泛论训》有言："论人之道，贵则观其所举，富则观其所施，穷则观其所不受，贱则观其所不为，贫则观其所不取。视其更难，以知其勇；动以喜乐，以观其守；委以财货，以论其仁；振以恐惧，以知其节，则人情备矣。"大意是："评论一个人的方法在于，对于地位尊贵的人，就要看他的言谈举

止是否合宜；对于富有的人就要看他的施舍是否慷慨；对于不显贵的人就要看他接受财物是否合乎义；对于地位低下的人就要看他所不做的事情是否有度；对于贫困的人就要看他是否非礼不取。看他经受的磨难，就可以知道他的勇力；用欢喜、快乐的事情来打动他，就可以观察他的坚守，从财货的积累情况，就可以评论他的仁德；用恐惧之事来震慑他，就可以知道他的气节。这样多方面考察，对人的情性就很了解了。"因此，要全面考察了解一个人，就必须多角度、全方位。对于校长而言，要管理好教师，也必须对他们进行全面的考察和深入的了解。

锦囊妙解

俗话说："士为知己者死。"不过要做到这种"知"的程度，可不是那么容易的。如果你能够做到这一点，那么，无论是在工作或人际关系上，都可被列为第一流的领导之中。《淮南子·修务训》有言："知者之所短，不若愚者之所修；贤者之所不足，不若众人之有馀。"这一段话的大意是：聪明人的缺陷，不如愚笨人的长处，贤德人的不足，不如一般人的有余。尺有所短，寸有所长。

在这里，可从"了解教师三阶段""了解教师普遍心理特点""了解衡量教师能力的尺度"三个方面来谈谈如何对教师进行全方位了解。

1. 了解教师三阶段

第一阶段：假如你自认为已经了解教职员工一切的话，那你只是处在初级阶段而已。教职员工的出身、学历、经验、家庭环境以及背景、兴趣、专长等，对你而言是相当重要的。如果你连这些最起码的都不知道，那根本就不够资格当领导。不过，了解教职员工的真正意义并不在此，而是在于知道他们的思想，以及其干劲、热忱、诚意、正义感等，学校领导若能在这些方面与教职员工产生共鸣，他们就会感觉到："他对我真够了解的。"只有达到这种地步，才能算是了解教职员工。第二阶段：即使你已经达到第一阶段，充其量也只能说是了解教职员工的一面而已。当教职员工遭遇困难时，能事先预测他的行动，并且给予实时支援的话，这就是更深一层的了解。第三阶段：就是要知人善任，使教职员工能在自己的岗位上发挥最大的潜力。俗话说："置之死地而后生。"给足其考验其能力的艰巨任务，并且在其面临此种困境时，给予适当的指引，引导他们如何起死回生，从而使他们在实践中不断地锻炼自己，迅速提高自己的工作能力。所以，心灵上相互的沟通与默契尤为重要。

2. 了解教师普遍心理特点

要了解教师工作的特点，还要通过对其工作特点的分析，掌握教师的心理需求和心理特征。心理特征是教师在长期工作中形成的主观意识，这种心理因素有很强的能动性。所以，了解这些因素，对调动教师的积极性很重要。教师普遍存在四个方面的心理特点：第一，热爱学生，望生成才。教师在情感上都具有"向生性"的特征，所谓向生性，就是指教师从爱护学生的心愿出发，希望学生进步，个个都能成才。这一特点，反映了教师的优秀品质。在教书育人的生涯中，他们甘做"人梯"和"铺路石"，没有哪一个教师搞所谓的"知识私有"，或在知识上"藏一手"。"青出于蓝而胜于蓝"既是发展规律，也是教师的良好愿望。古人云："亲其师，信其道。"教师爱护学生，学生才会亲近教师；学生亲近教师，教师的工作才会发生作用，才会产生价值。第二，思想活跃，求知欲强。作为知识分子的教师，受过良好的系统教育，他们视野宽、见识广、思想活跃、学习力强，容易接受新思想、新观念，向学生传授知识，是教师的天职。"学然后知不足，教然后知困"，教师这一职业的特点，决定了教师必须勤奋学习，努力追求新知识，不断地提高知识水平和专业技能。第三，自尊心强，渴望学术自由和治理民主。教师希望得到学生的尊重，也希望得到学校领导乃至全社会的承认和尊重。教师的心理特点表现在：政治上求得充分的信任，事业上希望工作成绩能得到肯定和重视，人际关系渴望相互理解和相互尊重。由于教师的这一心理特点，使他们厌恶专制和强迫命令，对官僚主义的工作作风极为不满，他们渴望学校治理民主，希望发挥主人翁的作用，能参与学校的治理，并希望自己的意见能得到尊重。同时，教师们也渴望学术自由，希望在学术问题、教材教法等问题上，能自由地发表意见，真正做到"百家争鸣"。第四，为人师表，道德自律性强。为人师表、严于律己是教师的职业道德和特有的心理特征，也是教师的重要心理品质之一。对于每位教师来说，不论在任何时候，不论从事任何活动，总会自然而然地想到自己的社会角色：是一名教师，要为人师表；该如何教好学生，所以，同其他行业的人相比较，教师的道德自律性更强。

3. 了解衡量教师能力的尺度

衡量人才的尺度有两个方面：激情和能力。激情与热情不同，激情比热情更富有内涵，有些人外表很平静，但内心却充满激情。激情是建立在开放授权的基础上，体现的是：自主、乐业、爱心、责任和创新。而能力在这里主要是：专业技术能力、自我管理和管理他人的能力、沟通能力。作为校长，需要了解他所领导的学校里的各个教师。第一，针对高激情、高能力教师的治理。要知道，激情和能力所创造的价值，不是简单的加法关系，其中任何一个因素的增加都会引起结果的成倍增加。因此，这类人员是对于学校最理想、最有价值的管理型或骨干型人才。需要给这些教师以充分的权利，让他们充分发挥才智，实现他们的目标。同时赋予他们更高的责任，释放他们的创造力，从而形成强大的合力，推动学校教育教学向着健康的方向发展。第二，针对高激情、低能力教师的治理。这类人员在新引进的教师中比较多见，工作热情很高，态度端正，但没有工作经验，教育教学能力不高。对于这类人员，学校应当充分肯定他们的激情，因为这种激情往往是最原始的、本能的、潜力最大的。而针对他们工作能力的不足，学校要对他们提出严格的要求，进行系统有效的培训和师徒结对，同时鼓励他们大胆实践，使他们增长才干。对这类人才的治理是一项长期工程，要有耐心。第三，针对低激情、高能力教师的治理。这类人员多见于长期从教的老教师，他们处于职业倦怠期，但他们是学校的一笔价值很高的财富，他们对自己的职位或长期的发展无明确目标，其最需要的是激励和鞭策。学校一方面要对他们的能力予以肯定和信任，另一方面要对他们提出具体的期望和要求，使他们看到自己的价值，激发他们的工作激情，但值得注意的是这类人通常对现状不满，尤其是自己的岗位、职称和上升空间，尚需领导层与其沟通，调整他们的心态。第四，针对低激情、低能力教师的治理。学校对这类教师要有信心，本着"多养马少换马"的原则，尽量激发他们的激情和提高他们的能力，但是一定要控制好在他们身上所花的时间。如果这类教师长时间没有改变，就不要再浪费时间，采取果断的交流或调岗等措施。需要注意这类教师中哪些是学校的"元老"或"关系户"，学校要抛开感情和关系，及时处理。所以，学校可以多"吸收中上等人才，不选择顶尖人才，也不选用平庸的人"，不是学校顶尖人才堆积多就是好事，就有大发展，毕竟一流人才自负心强、不安心工作。而中上等人才，会踏踏实实、兢兢业业地努力工作。

二、 让教师人尽其才， 用好 "刺儿头"

关键词解读 ▶ 人尽其才

校长是学校发展的引领者，知人善任是很重要的领导艺术。作为学校的"一把手"，校长只有让学校中的每只"手"都很协调地动起来，发挥其最大的作用，才能画出更美的学校发展蓝图。校长还要善于挖掘教师潜能，做到人尽其才。人尽其才是用人的最高境界。善用人才，犹山之出云；不善用人，犹火之出烟。人才固然可贵，但更重要的是如何善于使用人才，使人尽其才，物尽其用。如果使用不当，只会白白浪费人才，甚至使其无端受损。在学校有效地分派工作，把人当人才，关键取决于在安排工作时是否能划清界限，让各种人才形成互补，明确职责，并且唤醒那些"沉睡着"的人。

锦囊妙解

对于一所学校的校长来说，有一些值得借鉴的用人准则，能达到人尽其才的目的，为学校的兴旺和发展起到巨大的推动作用。

1. 校长可以这样用人

第一，知人善任、尽其所长。分配合适的人去做合适的工作，这是学校的责任，了解每位教师的特长，帮助他们发现自己的潜能。让他们去做擅长做的事情，让教师去干他们感兴趣的工作，他们会干得更出色。第二，有抱负的教职员工能帮你成就大事。抱负就是目光长远，不同的人有不同的眼光，有些人比较急功近利，往往只顾眼前利益，目光短浅，虽然有时表现得相当出色，但是缺少对未来的把握和规划，做事只停留在现有水平上。一个能共谋大事的合作者，往往能在某些重大问题上提出卓有成效的见地，必须善于用好自己欣赏的人，这样的人是我们的"外脑"和"谋士"，如果学校领导者能充分利用，那么对事业的发展无疑如虎添翼。第三，把重任交给勤于思考的教职员工。勤于思考的教职员工往往思维比较缜密，能居安思危考虑到可能发生的各种情况和结果，而且很明白自己的所作所为。这种人往往很有责任感，会自我反省，善于总结各种经验教训，其工作一般是越做越好，因为他总能看到每一次工作中的不足，以便于日后改进。虽然有时候这类人会表现得优柔寡断，但这正是一种负责任的表现。所以作为校长，大可放心地把一些重任交给这类人。第四，可将重任交给少言寡语的教职员工。口若悬河、滔滔不绝的中层行政人员或教职员工，未必就是能担当大任的人，而且这种人通常并没有什么真才实学，他们只能通过口头的表演来取悦别人，抬高自己。真正有能力的中层行政人员或教职员工，只讲一些必要的言语，而且一开口就常常切中问题的要害，这种人往往谨慎小心，没有草率的作风，观察问题也比较深入细致、客观全面，做出的决定也实际可靠，获得的成果也就实实在在。所谓"真人不露相，露相非真人"，讲的就是这个道理。

2. 校长不可以这样用人

第一，不能委大任于气量狭小的教职员工。人难免都有嫉妒之心，这是正常的心理表现，因为有时这种嫉妒可以转化为前进的动力，所以说嫉妒不一定是消极的。但如果嫉妒心过强，就容易产生怨恨，往往就会做出一些过激的事情来。俗话说："宰相肚里能撑船。"气量太小的人，绝对不是一个好干将，因此不能对其委以重任。第二，绝不可以重用偏激的教职员工。过犹不及，太过偏激的人，往往缺乏理智，容易冲动，也就容易把事情搞砸。这正如太偏食的人过于挑食，身体就不会健康一样，思想如果过于偏激，就不会成大事。这种人总是使事情走向一个极端，等到受阻或失败，又走向另一个极端，这样永远也达不到最佳状态。这正如理想和现实的关系，理想往往是瑰丽的，不断引发人们去追求，但如果缺少对现实的依据，理想也只能是空中楼阁。第三，不要轻易使用过于轻易许诺的教职员工。无论大事小事，一定存在着各种问题，做事情说到底也就是为了解决这样或那样的问题。如果一个人轻易就断定某件事没有任何问题，这至少表明他对这件事看得还不够深入。这种草率的作风是极不牢靠的一种表现，如果让他来做一些重大的事情，那得到的也只能是一些失望的结果，所以这种人不可轻易相信他，否则就容易上他的当。除非有十足的把握，否则对任何事不可轻易许诺，因为事情的发展，往往不以人的意志为转移，各种无法预料的情况，随时都有可能出现，所以一个负责任的人，并不一定会常常许诺。遇事轻易许诺的教职员工，表现都很自信，到头来却不能完成使命，而且也常常为自己轻易找出各种理由来推诿塞责，对于这种爱轻易许诺的教职员工，千万不可信任。第四，拘泥小节的教职员工，尽量少委以重任。做任何事情，有得必有失，利益上有大也有小，要想取得一定的利益，必然要舍弃一部分小利，如果一个人总是在一些小节上争争吵吵，不愿放弃的话，那也就终难成就事业。

3. 用好"刺儿头"

许多校长还会面临一个非常棘手的问题，那就是如何用好学校的"刺儿头"。学校里，总有这样的人，他们极其聪明、好动，有着鲜明的个性，不愿拘泥于形式，在新奇妙想方面有上佳表现，而且在学校中"兴风作浪"更有一套。他们是学校中的最不安定分子，被管理者们称为"刺儿头"。所以，不妨与他们和平相处，有效利用他们个性的特点，为学校人际和谐、自由创新发挥作用。由于这些人具有性格开朗、好动的个性，所以他们有着很好的人缘，而且天赋的"能说会道"本领很善于集结群众，面对这些人，警惕是必要的。学校人际关系的和谐，需要教师们在一次次的集体合作、活动的氛围中逐渐培养而成，这些人可以成为这些活动的最好组织者。因此，应该给他们充分展示个人魅力的空间，把他们从不习惯的工作方式中解放出来，帮助学校策划活动过程，充分利用好他们的天赋才华。

三、 选人、用人有道

关键词解读 用人艺术

校长的用人艺术，是一所学校生存和发展的关键。有句民谚说得好："一只狮子率领的绵羊队伍，远远胜于一只绵羊率领的狮子队伍。"这句话充分说明了领导的作用。校长是学校发展的领路人，要做到对学校教职工的科学合理任用，统一协调调动学校里的全体员工，发挥每位工作人员的最大潜力，这是每位校长必须具备的能力之一，尤其在办学社会化竞争日益激烈的今天，校长如何做到知人善任、人尽其才，是一所学校长足发展的关键。古人云："用人不限资品，但择有材。"管理不是"做事"的方法，而是"让人做事"的艺术。学校都想要最优秀的人才，但世界上没有绝对的最优秀人才，学校发展更需要的是合适的人才，学校领导必须围绕学校的发展战略目标，发现和培养具有潜质的人才，根据人才的类型不同，给予区别对待，发挥他们各自的作用，消除成见，全面看人，形成学校优质、均衡的人才架构。

锦囊妙解

慧眼识才，人尽其用，学会授权，以权统人，这些都还不够，还要让教职员工在现有的岗位上发挥最大的积极性，做出最大成绩，除了激励机制以外，要广聚人才，重用人才，适才适所。

作为一所学校的校长，要懂得"五要"和"五忌"，为教师们创造平台和发展空间，让各位教师有发挥优势的余地，从而发现人才，培养人才。

1."五要"

第一，用才要发挥其专长。适才适所的用人艺术，就是为了发挥专长，根据人才的某一专长来安排其合适的工作岗位。要学会两手抓："举重若轻"和"举轻若重"。有的人举重若轻、提纲挈领、大刀阔斧，具有当主帅的素质；有的人举轻若重、处事周密、思虑精细，具有当配角的素质。所以"让猿猴离开树木跳到水中，当然不如鱼鳖；要论钻墙跳房，老虎不如狐狸；让勇士抛掉宝剑去拿锄头，必然不如农夫"。所以用人所长，放射光芒。第二，用才要重视其"偏长"。用人的学问是一门永远的新鲜课。使用"偏长"，就是把拥有某方面特长的人使用到最合适于他的工作岗位上去，具有这种偏长的人，算不上杰出的人才，甚至还算不上一般的人才。所以分配工作要因人而异，用长避短。发挥这些人的"偏长"，也是高明的学校领导者所要注重的用人用才之道。第三，用才要以诚相待，充分信赖。有一句古话："疑人不用，用人不疑。"所谓"用人不疑"，就是把工作交付于人，就不应该再对其人抱怀疑态度，而应给予完全的信任，放手让人去干。但由于主观的、客观的各种原因，导致教职员工工作失误，学校领导者可能会中止信赖行为，但对人的信赖不能终止。因为人被信任，一种强烈的责任感和自信心便油然而生。信赖，就是最好的奖赏，它将形成一股促使属下努力工作的强大动力。当然，信任不等于放任，不信任不用，正所谓"疑人不用"，用人不能有盲目性。用人是建立在知人的基础上，不论什么样的人，不可随便乱用。让员工扮演好合适的角色。第四，用才要能容人之短。"人非圣贤，孰能无过"，每个人都像未经琢磨的钻石，钻石的原石经过琢磨方显光彩。由于琢磨的方法和切割的方式不同，可散发出的光彩也各不相同。同样的，任何人只要经过琢磨，即可发射出各种诱人的光华。凡具有特殊才华的人，往往也是具有明显缺点的人，有时得学会糊涂，因此，要用人所长，就必须能容人之短。要善于给这样的教职员工压担子，用好他们，"生材贵适用，慎勿多苛求"，用人要做到德看主流、才看一技。第五，用位置和待遇寻高才。"天下熙熙，皆为利来；天下攘攘，皆为利往。"此话虽忽略了人们的精神需求而显得偏激了一点，但有一点却是千真万确的，就是人们奋斗是为了活得更好。作为学校，搭建更多的平台和提供更好的待遇，在学校不同的发展时期，选择优秀的人才加入，以促进学校的快速发展。

2. "五忌"

第一，忌以貌取人。心智高的人，面有奋勇之色；心高气傲的人，是旁若无人的神色。但神色与形象美丑却没有直接联系。有的人就把相貌美丑作为识人的标准，长得丑、奇形怪状的人，看了心里不舒服，就"咔嚓"一下把此人的才能否定了，历史上有许多成功案例值得我们回味。第二，忌只看文凭学历，不注重实际能力。不重视文凭是不对的，因为文凭必然反映一个人所受教育的程度，反映所学专业知识的深度和广度；但唯文凭论也是错误的，不可简单地把有文凭的人都当成人才。正确的态度是既看文凭，但又不唯文凭。第三，忌计较鸡毛蒜皮。对人的评价要客观、公正、全面。人都有缺点，不可能十全十美，因此，在考察人时就要将其优点和缺点分开。尤其应当注意的是，不能由于有一些鸡毛蒜皮的毛病，就大惊小怪，全盘否定。第四，忌喜权势厌贫贱。人们在生活中所处的情势是不同的，得势可以使人受到提拔，也可以使人受到压制，一旦富贵亨通，就是得势。如果贫穷困乏就是失志，有些校领导长有一对势利眼，喜权势厌贫贱，专用富贵得势之人，而弃贫困失志之人，这是识人用人最大的错误。第五，忌以个人的好恶为标准。在用人问题上，不能搞小圈子，要善待每一位教师。凭个人好恶用人，其主要原因就是"私"字作祟。但也有一些人其用心是好的，但由于思想水平不高和思想方法不对，缺少识人的慧眼，"尽己之好恶而不自知"，结果用人就不能坚持公道正派、任人唯贤的原则。

四、 如何有效扼制"不和谐者"

关键词解读 ▶ "不和谐者"

学校里总会出现一些真正危险的人物，时不时影响学校的建设和发展。研究表明，任何一个单位里都有10%的人在捣乱，70%的人是这些人的牺牲品，所以不光要认清他们，还要防御他们。这些"不和谐者"从来不表示出他们的目标，但他们都有一个也许连自己都不知道的隐秘计划。"不和谐者"主要有以下六种表现：一是口是心非；二是无事不通；三是事事同意；四是多嘴多舌；五是佯装无能；六是真正无能。我们的工作中，难免会遇到个别"不和谐者"，而最难管、最棘手的又是那种以软对硬的"不和谐者"。对付这种软钉子，千万不要心慈手软，当硬则硬，钉子再软也是钉子，弄不好砸你个头破血流，伤痕累累。

锦囊妙解

永远要记住，解决问题要抓重点，重点抓住了，次要的问题也会顺利解决。

针对个别教职员工出现的不和谐行为，这里也有几个应注意的关键词：理智鉴别、以身作则、适当惩治、换个环境、绝不妥协。

1. 理智鉴别

在管教那些爱捣乱的教职员工之前，先要把他们和其他安分守己的教职员工区分开来，鉴别谁才是制造麻烦的人，然后才能考虑去对付他们。为了确定一个人是不是难以管理，你只需回答一个问题，这个人会不会给你造成某种麻烦或者损害？如果能，他就是一个问题人，你就该想办法改变这种潜在危险。

2．以身作则

学校领导要以身作则，注意学校里的"危险"人物，管教好爱捣乱、不听话的教职员工。校长要以身作则，带好头，让教职员工从踏入学校的工作之初，就养成敬业爱岗的好习惯。当发现教职员工的不良行为时，需要对其进行劝告，在坏习惯形成之前，及时纠正过来，让其知道，什么可以做，什么不能做。

3．适当惩治

对于不听话的教职员工，有几点建议：第一，攻心为上策。第二，直呼教职员工的名字，会有意外效果。第三，走廊上遇见教职员工，亲切招呼。第四，关心教职员工家事和私事。这里还想谈一点是，适当使用惩罚手段，防范和处理害群之马，体面处理好问题教职员工。教职员工出现过错，应坚持原则，依章依规进行。有分量的话要慎重考虑后再说。

4．换个环境

给不和谐类教职员工体面地换个环境，方法有：第一，选择有利时机。第二，暗示他们转校、辞聘。第三，让别人"挖"走他们。第四，隐蔽地降级使用。

5．绝不妥协

驾驭好独断专行混日子的教职员工，加强对棘手教职员工的治理，不要对不满的教职员工进行妥协。喜欢独断专行的教职员工虽然有些实力，但不能把重要的工作交给他们。要记住，关键的时刻是不能依靠他们的。而且也要他们明白，什么事情有权做，什么事情无权做。否则，一旦犯了大错，再说就来不及了。一旦将工作布置给他们，要多嘱咐："这件工作全交给你了，一定注意多保持联系。"话要说得委婉，但一定要多重复几遍，如果能把握住这种教职员工的话，他们将有可能成为实干家。

第三节
如何留住好教师

如何留住好教师

领导留才
中层行政留才
学校留才
事业留才
机制留才　　　　**一、留住骨干教师的方法**
成长留才
职位留才
感情留才
人际留才
福利留才

　　　　　　　　　　　　教师工作环境的自我维护
　　　　　　　　　　　　物质环境与精神环境并重
二、教师工作环境的营造　教师工作环境的监督检查
　　　　　　　　　　　　成就需要与生活需要相结合
　　　　　　　　　　　　正面治理的渗透
　　　　　　　　　　　　以人为本的工作环境

目标导向
制度保障
分层培养　　　　**三、培养骨干教师，让人才律动**
构筑平台

　　　　　　　　　　　　　多倾听教职员工的声音
四、形成良好的沟通机制　勤做教师的老师
　　　　　　　　　　　　　保证所有沟通渠道的畅通

优秀学校能吸引一流人才，并使他们全身心投入学校各项工作中去。因此，要坚持不懈，建立完善特色的学校文化和崇学尚研的学术氛围，据统计表明，在就职就业方面国内优质高校留校率逐年提升，越来越多的高端人才或海外归国的学术人才愿意进入高校成为一名教书育人事业的传承者，小学教育也不例外，越好的学术环境、教学氛围，越高的社会认可率和"品牌效应"都是留住优质师资力量的重要元素。所以学校的长足发展离不开完善人力资源体系机制。

一、　留住骨干教师的方法

关键词解读 骨干教师

这个词语在我国始于 1962 年 12 月，教育部颁布的《关于有重点地办好一批全日制中、小学校的通知》① 这份文件，其中对中小学骨干教师的界定是：在一定范围的教师群体中，师德修养、职业素质相对优异，有一定知名度、被大家公认的、具有较为丰富的中小学教育经验，在学校的实际教育教学活动中承担了较大的工作量，对教育研究方面有一定兴趣和较为突出的能力，取得过一定的教育教学研究成果，并对一般教师具有一定示范作用和带动作用，能够支撑所在地区或学校的学段或学科教学和教学研究工作的中小学优秀教师代表。

锦囊妙解

要留住骨干教师，并不是一件很困难的事，只要在工作中、生活上营造公正、平等与融洽的环境，使教师能有一种自我价值成就感，这样骨干教师便会忠心地在你的旗下勤奋工作，回报学校。

在这里，用十种"留才"法则来谈谈如何最大限度地留住骨干教师。

1. 领导留才

信任教师是学校真正的成功之源，学校领导的人格、信誉、信用，领导

---

① 该通知批评了一些地区不重视办好重点中、小学校的工作，强调"首先集中力量切实办好一批基础较好的中、小学校，以便尽可能快地提高教育质量，提高教学水平"，要求各地"在原定重点中、小学名单的基础上，重新选定办好一批中、小学校"，新增重点学校"总的数目不宜过多，以便集中力量，尽快把这批学校办好，然后视可能条件，再分期分批地扩大这批中、小学校的数量"。

的待人接物方式、形象，领导的思想、价值观念等形成了教师认同的个人魅力。

2. 中层行政留才

有些中层行政人员从开始进行管理时，就下决心处理好自己部门存在的问题，但这种观念本身就是一个错误，部门的业务应该是如何有效持续推进和创新，而不是把各种事务性工作当成问题来解决，这是一个主动性和被动性的问题。学校中层对教师的态度、看法、评价是否公平、公正、可敬，是否具备良好的道德和让教师信服的能力，影响良好工作环境的形成。

3. 学校留才

学校在行业中的地位如何？是否具有发展愿景？一个不断走下坡路的学校是较难留住骨干教师的。俗话说："人往高处走，水往低处流。"

4. 事业留才

工作是否具有挑战性、趣味性？是否真有一个大舞台让教职员工大展拳脚，让教师产生归属感？别让他们连海市蜃楼都看不到，别让他们活得很没"尊严"，无聊绝不是件容易的事，没有人想做混混，尤其是在学校。

5. 机制留才

可能我们常听到这样的抱怨："他（她）凭什么升为行政？""我俩表现一样，他的待遇就是比我高。"在这种情况下，需要重新检讨学校用人机制、晋升机制、绩效机制、考核评估机制是否合理、公正。

6. 成长留才

要让教师学到本领，尤其是年轻人，到学校从事教育事业，是希望自己能够不断成长。如果在学校工作几年，前后都没有太大变化，也许他就会另择栖息地，五个一年的经验和一个五年的经验，这是不同的概念。

7. 职位留才

一流的人才，需要相应的职称与之相匹配，要不断给他们发展的空间，合理规划不同职称的不同档次，让教师通过发展达到相应的档次。

8．感情留才

教职员工的外流，不外乎为名、为利、为争口气。所以，需要多加强沟通。为名者，希望职位上、名衔上有改善；为利者，更加简单，一切向钱看；争口气者，主要是不满行政的不公平对待，申请调动为求证明自己的能力。所以感情投资最具潜移默化的感恩效果。最佳时机是教职员工最困难、最需要帮助的时候。

9．人际留才

创造和谐学校文化，让学校管理者与教师、教师与教师、教师与学生、教师与家长的关系融洽，互助互爱，遇到教师有抱怨要及时处理。礼多人不怪，让礼节成为学校文明的润滑剂。

10．福利留才

福利分硬性福利和软性福利。硬性福利有生活物品、卫生保健、文娱康乐、图书报刊等；软性福利逐渐成为留住骨干教师的制胜法宝，包括进修学习、年终表彰、课题研究、课程开发、子女教育等。

除了上述十种"留才"法则外，对于骨干教师的管理，需要配合战略，系统而全面地规划、培养、保留和开发。在具体方式和方法上，需强调有针对性、有创意的个性化管理。在这里，我们可从"系统化管理"和"个性化管理"两个方面谈一谈。

第一，骨干教师的系统化管理。

一是骨干教师队伍的规划；二是骨干教师队伍的建立；三是骨干教师队伍的激励。学校能否保持稳定健康的发展，关键要看骨干教师的素质是否能够满足学校现实和未来发展的需要。可围绕素质管理，制订骨干教师的培训计划和发展计划，这些计划一方面配合学校的战略规划，另一方面结合骨干教师职业生涯规划，这是骨干教师管理的最佳境界。

第二，骨干教师的个性化管理。

重视骨干教师的文化管理，学校文化对于骨干教师的管理重点在于，学校战略目标与骨干教师的个人发展目标。围绕目标的实现，研究和运用合理的思想方法和工作方法，实施科学化管理，比如开放集成法、典型引入法、总结提升法、激励导向法、交流促进法、综合创新法等。古人云："工欲善其事，必先利其器。"这"器"指的就是途径、方法、工具、手段等。在现代管理中，往往强调方法比想法更重要，管理方法是实现管理目标的必须手段。因此，需要全面建立以现代信息技术为基础的教育教学管理、运行、服务体系，并做好骨干教师成长档案的管理，通过数据分析促进骨干教师的发展。

二、 教师工作环境的营造

关键词解读 ▶ 教师工作环境

工作环境在众说纷纭的管理定义中是一个被隐去的内容。在重新审视管理定义的基础上，明确了工作环境的重要性。工作环境应该从物质工作环境和精神工作环境两大维度考虑。物质工作环境即外部环境，包括学校的居住与用餐条件、教师薪酬福利、教师工作保障性、教师工作稳定性、学校提供的培训进修机会、学校内部民主管理、教学硬件设施齐全程度、学校各方面的管理制度、办公室的舒适感、工作带来的成就感等。而精神工作环境包括社会评价、人际关系和职业认同三个子维度，社会评价这个子维度又包括了学生的评价、与领导的关系、学生家长的评价、领导的赏识程度；人际关系这个子维度包括了与学生之间的关系、与学生家长之间的关系、与同事之间的关系；职业认同这个子维度包括了对教师职业的责任感、对教师职业的兴趣。教师工作是脑体结合的大强度劳动，富于科学性、创造性、复杂性、艰巨性，教师行为具有教育性，教师劳动虽以个体形式进行，其成果是各学科教师集体劳动的综合结果。因此，营造平等融洽的物质和精神环境对于让教师更好地发展有着至关重要的作用。

锦囊妙解 ▶

教师不应只是"活着"，还要"活得好"，达到"诗意栖居"。要让学校成为教师的学校，要实现对教师民主权利的尊重，就必须让教师的工作环境实至名归。对教师工作环境的保障是个多方位思考的问题，对教师工作环境的保障不能一蹴而就，还有漫长的路要走，应循序渐进。教师和谐健康的物质和精神工作环境如何去保护和营造，这一直是很多校长为之思考和努力的问题。

在这里，我们就从"教师工作环境的自我维护""物质环境与精神环境并重""教师工作环境的监督检查""成就需要与生活需要相结合""正面治理的渗透""以人为本的工作环境"这几个方面去寻求解决和提升的方法。

1. 教师工作环境的自我维护

学校应该有意识地增强教师权利保护意识，实现从依附环境到主动保护教师的工作过程。教师工作环境的自我维护实际上就是一种权利自救过程，教师必须清晰自己所享有的各项权利，才能进行自我管理，实现工作环境的自我维护，这样的工作环境才能发挥应有的对教师个体的保护作用。

2. 物质环境与精神环境并重

学校应提高治理水平，加强对教师工作环境的认同和保护，确保教师工作环境实现物质环境与人文精神环境并重。在信任、平等的基础上，把大家拧成一股绳，"蚌育珍珠"。学校均应以本校为基地，以教师为主体，根植于教师的真实工作环境，通过积极的方式改善教师工作环境。第一，为教师发展打造"人气场"，树立教师的学术权威。韩国有句俗语"即使是老师的影子也不能踩"，教师的这种权威是社会的认同和对该职业的尊重。第二，改善办学条件，减轻教师的工作量和工作负担。如教学楼增设教师课间休息室，使教师课间一解疲惫。增设类似于"教工援助师"等工作人员，专职解决教师心理问题和日常琐事，让教师集中精力专注教育教学工作。第三，学校要重视团队人际心理和文化建设，营造沟通、负责、互助、和谐的团队文化，提升学校的精神文化。第四，学校应该运用法律武器，维护正常的教学秩序，保护学校、教师和学生的合法权益。同时，与公安部门合作，打击闹校违法行为，大力整治校园周边环境，营造"绿色治安环境"。

3. 教师工作环境的监督检查

教师工作环境得到维护的措施之一是对工作环境的监督检查。学校要加强教师工作环境监督检查，使教师工作环境由应然转化为实然，这过程就必须强化、提升执行力，确保教师工作环境的权益不受侵害。为提升教师的形象及社会影响力，要关心教师工作环境内所能承受的工作量和工作压力，厘定教师工作环境边界，让教师在身心"俱佳"的状态下备好课、上好课，做好各类教育工作，避免承担过多行政工作。影响教师工作质量的因素包括国家教育体制、各级教育厅（局）、教育教学改革新政、学生学业成绩评估体系、社会各方对教师的期待等。在对教师的管理中，应降低这些因素的消极影响，减少其对教师的行政干预，不断提升教师工作的有效性。

4. 成就需要与生活需要相结合

学校应该创造必要的工作条件和生活条件，满足教师高层次的成就需要和低层次的生活需要。应多了解教师的工作目标、职业理想，以及工作和生活中的困难，尽力帮助有困难的教师，让他们切实感受到"家"的温暖。丰富教师的业余生活，在活动中培养团队的凝聚力。在学校治理中，要注重教师团队建设，让他们身心愉悦地投入工作，提高工作效率。学校领导要竭尽全力帮助教师解决困难，做教师可信赖的人和支持者。这样才能促使教师发挥主观能动性，积极地工作，实现自我价值，推动学校的发展。

5. 正面治理的渗透

学校可通过立标杆、树典型，表扬先进，激励后进，渗透正面治理。在学校治理中不要用制度去限制人，而要用制度去调动积极性。学校可根据教师各方面情况，评选出他们心中认可的教学骨干、管理能手，并通过媒体等对其进行宣传表扬，激发教师实现自身价值的强烈欲望。学校在进行优秀教师评选时，要依据教师教育教学工作的完成情况、班级"区间系数"和"差异系数"等的提升情况，依据教师的师德师风、对学生的关爱等情况，还要依据学生在校学习成绩的情况，结合同事、学生和家长的评价，选出大家公认的优秀教师。学校管理者要让这些教师扛起学校工作的"大梁"，让他们担任具有挑战性和晋升空间的工作，促进他们的自我发展。同时充分利用政治学习、干部会议等各种培训活动，渗透正面管理。这样会使每个教师都感到在学校有地位、受尊重，从而产生积极向上的动力，更加努力地工作。

6. 以人为本的工作环境

学校治理要以人为本，人总扮演主体角色，永远是中心位置。教职员工、学生是教育教学工作的主体实践者，要善待教职员工。学校治理中尊重人、理解人、支持人、关心人、依靠人，才能形成合力，解决好学校治理中严与宽的辩证关系问题，全体教职工才能凝心聚力，才会有共同的目标，学校才能和谐，才能办出特色，才能营造一个积极向上的教育教学环境。良好的教育生态环境，方能有效激发教师激情，促进教师业务水平的提高，推动学校的全面发展。

三、 培养骨干教师，让人才律动

关键词解读 骨干教师培养

不要把精力过多放在落后的教职员工身上，那样只会降低执行力。所以有效的管理控制有助于维持士气。"一流学校，一流师资"的时代要求与"新老交替，青黄不接"的学校现状，迫切要求学校尽快培养与造就一批高素质高水平的骨干教师团队，并通过这支队伍的轴心、发挥引领、辐射作用①。

锦囊妙解

作为校长，要坚持以人为本为目的，注重生命关怀，尊重并开发教师作为人的价值，克服技术化倾向；同时，注重以"自培阶梯"为载体，以校本研修为平台，加大培养力度，全面提高教师队伍的整体素质。

下面将从"目标导向""制度保障""分层培养""构筑平台"四个进阶型方法来解析骨干教师的培养这一系统工程。

1. 目标导向

激发内驱力是教师专业发展的主要动力，它来源于教师对教育事业的热爱、对专业发展的追求、对人生价值的期待。② 一是确立目标，建立愿景。学校发展规划中明确提出队伍建设的目标，要全面提高教师整体素质，力争涌现大批市级骨干、区级骨干和校级骨干教师。二是制定职业生涯规划和个人目标，通过专家引领、同伴互助，帮助教师明确方向、找到症结、确定举措，从而实现共同愿景与个人愿景相融合。三是开展阶梯式达标活动，促进教师在专业岗位上成长、成才。即一年"入格"；三年"定格"；六年"升格"；十年形成"风格"。

2. 制度保障

制度作保障，健全培养机制。为使骨干教师的培养与使用有章可循、经费有保障、内容有落实、效果有检查，需建立相关治理制度。通过专题学

---

① 乔世伟. 培养骨干教师的几点做法 [J]. 现代教学，2010 (6)：18.

② 余惠先，黄孝山. 教师培训如何激发教师专业发展的内驱力 [J]. 高等继续教育学报，2016 (3)：35－39.

习、实践反思、案例分析、课题研究、观摩考察、培训进修，达到师德修养、教育观念、专业理论、专业能力、科研方法。为促进动态发展，遵循"公开、公平、公正"和"重实效、重水平、重贡献"的原则，评审骨干教师以鼓励青年教师脱颖而出，破"论资排辈"旧习，及时将优秀青年教师吸收到骨干队伍中来，并推荐出类拔萃者参加市、区级名师评选。鼓励教师在教育上有独立思想，在学术上有独到见解，在方法上有独特风格。为更好体现"重在过程"、促进"发挥作用"，将学生评价的问卷结果，以及家长的反映及时反馈给教师，促进骨干教师进一步改进，加快提升。

3. 分层培养

分层培养，搭建好平台。无论是学生教育还是教师发展，都应基于生命成长的规律与特点，首先是对生命的尊重和关怀，教育和发展本质上是生命生长的活动和过程，一定要关注人类存在的基本方式，深入到人类存在的本质中去。所以应根据不同时期教师成长的特点和规律，注重分层培养，搭建老中青结构合理、衔接有序的教师梯队。

对教龄三年以内的新任型教师进行全面培养，对青年教师发展不能没有要求，不能没有规矩，不能不严格。该时段教师处于"入职"初期，是学校骨干队伍建设的"奠基期"。为此，主要进行以教学基本技能和班主任工作基本胜任能力为主要内容的培养，学习"标准"，掌握"规范"，熟悉"规范"，练好过硬基本功，规范教育教学行为，缩短职业适应期。并采取"老带新，新学老"的导师制"入格"行动，出"成品"。通过共同备课、相互听课、及时交流、经常谈心等方式，老教师言传身教，新教师主动钻研，练好内功，加快成长，尽快入位。

对教龄三年以上六年以下的成熟型教师进行"定格"培养，主要任务是"达到标准，专业成长，示范教学，自主发展"。以练就内功、示范教学为主要职责。出"熟品"，加速职业成长期。通过与校内外名师结对、双向互动、共同研讨等途径，使其深刻认识学科的本质、学科教学的价值，把握学科教学规律，丰富教育智慧。

对教龄六年以上且有丰富教育教学经验的教师的培养，以提升专业功底、提升专业理论、提升教学艺术为培养的主要内容，采用"请进来"与"走出去"相结合的方式，以示范"标准"、塑造特色、形成风格、创新发展为主要任务，以增力发功、特色教学为主要职责，以出"名品"、缩短高原期为培训目标，帮助他们早日成为有思想、有理论、有经验、有风格的"专家型"的学科带头人。

4. 构筑平台

构筑平台，发挥引领作用。发挥骨干教师示范、引领和辐射作用，示范是基础，引领是核心，辐射是关键。多方面提要求、压担子、搭平台，促进各层面骨干教师更好地发展，形成成长学习共同体。教学是教师教育的主渠道，是保证教育质量的安全阀。遵循成人教育、知识分子教育、教师教育规律来共读、共写、共议、共思、共享，并采取启发式教学、微型教学、案例教学、对话教学、反思教学、叙事教学、快乐教学、现场教学、探究教学、问题教学、论坛教学、茶馆式教学等互动式、合作式、自助式、自主式、创新式、个性化的教学方式，成立相应工作室（坊）和教师学习俱乐部。推进学校内涵发展，进行更广泛的实践，从而有效促进教师的专业成长，建设高素质的教师队伍，办人民满意的教育。

四、 形成良好的沟通机制

关键词解读 沟通机制

治理的过程，也就是沟通的过程。所谓沟通，是人与人之间的思想和信息的交换，是将信息由一个人传达给另一个人，逐渐广泛传播的过程。要治理好一所学校，其实不二法门就是沟通、沟通、再沟通，形成良好的沟通机制。

锦囊妙解

绝大多数校领导都有强烈的自我主张，这种主张一方面可以帮助你果断迅速地解决问题，另一方面会使你极不易倾听别人的意见而一意孤行，从而导致工作上的失利。因此，校长为了避免自己进入这种被动局面，需要做到在日常生活中，与教职员工进行真诚的沟通，形成有效的、畅通的沟通机制。

那么学校领导如何与教职员工形成良好的沟通机制？这里有以下几种方法供大家参考。

1. 多倾听教职员工的声音

倾听既是我们取得关于教职员工的第一手信息，正确认识教职员工的重要途径，也是我们向教职员工表示尊重的最好方式。倾听使我们成为一个反馈者，成为置自己于第二位的人。那么如何进行倾听？首先要明晰倾听和单纯的听不同，后者仅仅是一种对声音的感知，而倾听则是一种积极主动的行为，它意味着倾听者要参与到对方的表达之中。一方面要通过自己的态度表明理解对方的意愿，另一方面还应就这种理解产生共鸣，这不仅是对对方的尊重，而且也是对对方的有效激励。理解对方不仅是理解他的话的含义，还要通过对方的话语，读懂他的内心世界。因此要做到两点：第一，必须对自己敏感，能主动地回忆自己过去的经历，那时是怎么体现自己的特殊感情的，这样才能理解对方表达的内容中所包含的情感意义；第二，必须对对方提供的各种信息，保持充分的兴趣与敏感性，但要把自己的反应同对方的反应分开，不急于给对方的话下判断或做推论，要保持一种洞察力，从中理解对方。做好了这两点，就表明了自己是一个真诚专注的倾听者。

2. 勤做教师的老师

针对新教职员工，要主动进行任职指导，如培训等；经常召开会议，让教师们互相交流知识，从中得到学习；督促在职教师进修和培训；如果认为教师的实际操作、课堂指导还有所欠缺，校长可以引导教师从磨课中学习。

3. 保证所有沟通渠道的通畅

如每月召开一次教师大会等，听取意见。要听取那些经常的、有目的的和有创新的反馈。即使在教职员工采取创新行动出现问题时，也不要去阻止他们，或要求他们不再冒险，他们需要你告诉他们错在哪里，对在哪里。

沟通的方式多种多样，这里介绍常见的四种，即"上行沟通""下行沟通""平行沟通""非正式沟通"。

（1）上行沟通。

这种方式是指下级的意见向上一级反映。其作用是教职员工的愿望反映给学校领导，从而激发他们的积极性和责任感。学校领导要鼓励教师，积极反映问题，只有上行沟通，渠道通畅，校长才能掌握情况，做出符合实际的决策。

（2）下行沟通。

这种方式是指学校领导把学校的目标、规章制度、工作程序等向下传达。它的作用：一是使教职员工了解校长意图，以达成目标的实现；二是减少消息的误传和曲解，消除领导与被领导之间的隔阂，增强团结；三是协调学校各种活动，增强各部门的联系，有助于决策的执行和有效的控制。

（3）平行沟通。

这种方式是指学校中各部门之间的信息交流。平行沟通，能够加强学校内部各部门之间的了解与协调，减少相互推诿与扯皮，提高协调程度和工作效率。同时，还可以弥补上行沟通与下行沟通的不足。

（4）非正式沟通。

由于非正式沟通，多数是随时随地自由进行的，它的内容是不确定的，沟通的方式也是千变万化的，所以尽量减少这种沟通方式。当然，有时还可以巧妙利用以达到"吹吹风""透透气"，传递正式沟通所不愿传递的信息，把校领导的意志变为教职员工的语言，起到正式沟通的作用，达成学校的目的。

校长针对不同的对象、不同性质的问题，需要灵活运用沟通策略，在"准备阶段""地点选择""沟通方式"等方面都要注意。①准备阶段。沟通前要做好准备。校长找教师谈话，事先要认真做好准备。这种准备一般分为两个方面：一是要了解需要解决什么问题，以及问题的发生、发展过程及其相关原因；二是弄清对方的心理、动机、情绪和态度等，以便在谈话时能较好地把握对方的心理和情绪。②地点选择。要选择适当的地点。不同的谈话环境会产生不同的效果，对于严肃和重大的问题，要在办公室内进行，不要在人多或比较嘈杂的地方谈；如交换个人意见，可边散步边交谈，这样可以免除对方的拘谨，有利于问题的解决；如被谈话者心怀不满或情绪低落时，可主动到家走访，以表示安慰。③沟通方式。一个良好的开端，对整个谈话过程及效果影响很大。谈话有个导入阶段，称之为预谈。有经验的校长在谈话时，并不是一开始就搬出一整套生硬的大道理来，而是通过简短的与正题无直接关系的寒暄、问候、体贴，使谈话气氛亲切、融洽、轻松起来。④三个善于。第一，要善于激发教职员工讲话的愿望。谈话是校长与教职员工的双边活动。对方若无讲话的愿望，谈话便陷于僵局，以致无法进行，要善于打破谈话中的"僵局"，让有"闷葫芦"特征的教职员工开口攀谈，而谈话不仅是信息交流的过程，也是情感交往的过程，只有两者情感交融，才有可能提高谈话效果。第二，要善于启发教职员工讲实话。第三，要善于运用非语言符号。谈话的交际手段分为语言符号与非语言符号两种，语言符号是人们思想信息的载体，但非语言符号在谈话中也起着不可忽视的作用。非语言符号主要有动作、目光、表情、语调、空间、时间等。

总而言之，只有通过"沟"方能实现"通"，多注意倾听教职员工的心声，和他们打成一片，在沟通中增进了解和信任，解除烦恼和抱怨，通过交流，你的想法变成大家的想法，以形成自由沟通的氛围。

第四章
校园治理的细节与冲突

　　在学校治理中，校长与中层管理者、中层行政人员与教师之间难免会发生冲突，但冲突本身并不是什么坏事，冲突只有转化为个人恩怨时才有害。富有成效的冲突，是观念上的冲突，这与谁提出这些观念有关，不过，团队确实需要学会并运用最有效的表现和解决冲突的方法。

　　作为学校管理者，一定要把可能出现的危机作为学校治理工作的一个重要组成部分，在学校教育教学活动中，危机就像普通感冒病毒一样，种类繁多，令人防不胜防，然而每一次危机既可能导致问题发生，同时又蕴藏着成功的可能。发现、培育，进而收获潜在的成功机会，这就是危机治理的精髓。当然，危机治理的最高境界是不发生危机，这就需要我们学校管理者在日常事务的治理中，加强忧患意识，防微杜渐，未雨绸缪，建立完备的危机处理系统和运作机制。

　　学校是个小社会，根据出现的各种事件与冲突，解决这些问题。方法有三：一是复杂问题简单化；二是简单问题条理化；三是解决问题抓重点。看到问题是一个方面，解决问题又是另一方面，坚持复杂问题简单化，简单问题条理化，因为人的时间和精力有限，条理清晰了，问题的重点就好抓了。临危不乱，解决问题要抓重点，重点抓住了，次要的问题也会顺利解决。

第一节
校园安全问题

校园安全问题

学生特点
教师特点　　　　　　一、校园安全工作的特点
学校特点

从"小安全"模式向"大安全"模式转变
从被动安全模式向主动安全模式转变
二、"三个转变"使安全工作　　从事后处理型向事前预防型转变
变得科学

将安全教育融入教学、教育日常管理之中
将安全教育贯穿于学生的各项活动之中
将安全教育与特殊时段教育结合起来　　三、营造校园特色，让安全成为学校
将安全教育与心理辅导结合起来　　　　　永恒的主题

据教育部公布，全国中小学每年上报的校园安全事故中，以溺水和交通事故为主，两类事故发生数量占全年各类事故的 50.9%，此外斗殴、校园伤害、中毒、踩踏事故等均成为影响学生安全的因素。著名教育专家孙云晓曾发出"难道因为有危险就不让小鸟在空中飞翔吗？"的感慨，折射出对当前学校安全教育及管理的担忧。校园安全的困惑与纠纷成为学校升学之外的又一大压力，并使学校形成安全管理的"安全模式"。学校安全管理应从克服消极"安全模式"开始，从学生成长需要出发，对学生未来负责，构筑开放式安全管理模式。

一、 校园安全工作的特点

关键词解读 校园安全工作

安全大于天，生命重如山。校园安全工作关乎广大师生的生命和财产安全，事关教育改革、发展和稳定的大局，决定亿万家庭的幸福和谐。

锦囊妙解

校园安全工作可以从不同角色的角度出发，分析其不同特点。

下面主要从"学生特点""教师特点""学校特点"三个方面进行阐述。

1. 学生特点

学生安全往往体现于人身安全、财产安全及心理安全等方面。据统计，在各类中小学校园安全事故中，43.8% 发生在小学，34.8% 发生在初中，9.8% 发生在高中。相对于高中学生，小学和初中学生的安全问题尤为突出。为此，中低年级学生应该成为安全教育与管理的重点对象，且教育内容不仅是进行一般性安全自护、自救技能教育，还应包括对学生进行心理辅导和提升防挫折能力的教育。

2. 教师特点

教师作为学生教育与管理的承担者，由于受制于长期的、繁重的教育教学压力，目前，教师们在进行"传道、授业、解惑"[①] 的同时，对学生的安

---

① 出自唐代韩愈的教育散文《师说》，原句为"传道、受业、解惑也"。（文中"受"通"授"，此处引用为便于读者理解采用了"授"字）

全教育与管理往往是停留于让学生注意安全，很少去思考如何减少学生的伤害，更少有从学生未来发展的角度让学生去主动学习安全知识，并定期对学生进行安全技能、安全防护知识的教育，无法满足学生成长的安全需求，客观上导致学生在遇到危机时不具备应有的技能，少有安全防护的意识。

3. 学校特点

受升学和传统德育教育①的影响，安全工作依附于学校的德育，学校安全教育与管理缺乏系统性、持续性，总是停留在对学生的口头述说上，安全问题"说起来重要，做起来不要，关键时候忘掉"，往往通过周一晨会、安全教育日、开学、放假等特殊时期才对学生进行安全宣讲。很少有学校会就安全问题实施创新举措，其课程与课时无法保证。一些学校将安全硬件设施建设作为安全管理的内容，安全教育被安全管理所取代。为防止出现安全事故，学校尽可能减少学生实践和一切被视为不安全的活动，甚至连国家课程要求的对抗性体育活动也被取消，以极端的"安全模式"应对日益复杂的安全环境。

二、"三个转变"　使安全工作变得科学

关键词解读　三个转变

"三个转变"主要是指学校安全管理应从克服消极"安全模式"开始，从学生成长需要出发，对学生未来负责，构筑开放式安全管理模式。从"小安全"模式向"大安全"模式转变；从被动安全模式向主动安全模式转变；从事后处理型向事前预防型转变。

锦囊妙解

从"三个转变"的角度谈一谈如何使校园安全工作真正做到科学有效。

1. 从"小安全"模式向"大安全"模式转变

据分析，中小学生安全问题有六成发生于校外，学校安全工作要改变单

---

①　此处指狭义的德育教育，学校德育是指教育者按照一定的社会或阶级要求，有目的、有计划、有系统地对受教育者施加思想、政治和道德等方面的影响，并通过受教育者积极的认识、体验与践行，以使其形成一定社会与阶级所需要的品德的教育活动，即教育者有目的地培养受教育者品德的活动。

纯关注于校内、单纯由学校与教师进行安全教育的"小安全"管理模式，营造全社会共同关心的"大安全"模式，借助社区力量提高学校安全管理与教育的针对性，由封闭型向开放型转变。学校可定期请家长、社区教育委员会成员以及消防、卫生、交通等部门专家到学校共同研讨安全管理与教育的方法，集中各方力量，治理学校及周边有碍学生安全与健康的因素，取各方之长，探索新思路、新办法，形成"大安全"观，增强安全教育的实效性。

2. 从被动安全模式向主动安全模式转变

学校安全工作不仅要对学生目前安全负责，还应对学生未来的发展负责，既要关注学生在校期间的安全环境、安全行为，更应关注学生未来安全意识和安全心理素养的构建，使学生能形成良好的安全心理品质，在面对安全危机时能找到科学求生和自我保护的方法。应摒弃枯燥说教式的安全教育方法，变消极"安全模式"为主动积极的"安全模式"。学校应上足开齐课程计划要求的安全内容，积极开展各类有益于学生健康成长的活动，在课程实施和活动中，甚至在出现安全危机时能够引导学生形成安全的行为意识与观念，使课程与活动成为学生安全学习和安全探究的方式，让学生在活动中陶冶情操，增强意识，形成技能，为学生一生奠基。

3. 从事后处理型向事前预防型转变

据深圳市每年学生伤害"校方责任险"赔付的情况看，40%的赔付纠纷是在学校无责的情况下形成的。"校闹"问题时有发生，转型时期社会法制不健全与观念的滞后让许多简单安全问题变得更加复杂。在完善法制的同时形成预防型的安全管理模式显得十分迫切。学校应将预防教育和营造安全的硬件环境放在同等重要的位置，变事后处理型的"安全模式"为事前预防型的"安全模式"，使安全工作重心前移。通过预防型管理，提高学生临危处变和预见事故的能力，最大限度地减少学生的安全问题。

三、 营造校园特色，让安全成为学校永恒的主题

关键词解读 ▶ 校园安全特色

只有将安全教育融入教学、教育日常管理之中，将安全教育贯穿于学生的各项活动之中，将安全教育与心理辅导结合起来才能真正形成校园安全特色。

锦囊妙解

下面具体谈谈如何从各个细节方面营造校园安全特色。

1. 将安全教育融入教学、教育日常管理之中

将安全教育纳入学校教学计划，并作为校本课程加以实施，是安全教育持续性、系统性的保证。学校应设立安全教育教研室，配备专职安全主任，并制定相应的督导标准，使安全教育内容能系统和规范地融化在学校的课程管理之中。要尽快编写以思想教育为基础，法制教育为依据，心理健康教育为手段，典型案例分析为依托，以交通事故、溺水事故、火灾事故、盗抢案件、治安侵害等为主要内容的集知识性、趣味性、实用性于一体的安全教育教材，使安全教育成为地方课程①或校本课程②，并通过长期、持续的教育，使学生形成自觉的安全行为。

2. 将安全教育贯穿于学生的各项活动之中

体验是学生发展能力、获取技能的最好途径。开展各类活动不仅能开拓学生视野，也为安全教育提供了直接的载体，学校应充分利用黑板报、校报、校园网等校内媒体资源和各类相关活动，采用召开现场会、举办讲座、办黑板报、张贴宣传画、树立宣传牌、安全隐患大搜索等形式，实施强化性、针对性的教育，让学生更好地学习、掌握安全知识，增强安全意识，提高安全防范与保护的能力。

3. 将安全教育与特殊时段教育结合起来

中小学生预见事故的能力差，抓住环境变化、考试前后、季节转换、放假前后和毕业前夕等极易发生安全事故的时期进行安全教育，往往能巩固学生已经形成的安全习惯，强化学生安全意识，并能有效地减少意外。新生入

---

①　地方课程又称地方本位课程，是指地方各级教育主管部门根据国家课程政策，以国家课程标准为基础，在一定的教育思想和课程观念的指导下，根据地方经济、政治、文化的发展水平及其对人才的特殊要求，充分利用地方课程资源而开发、设计、实施的课程。它服务于地方，立足于地方，归属于地方。

②　"校本课程"是一个外来语，最先出现于英、美等国，至今已有20多年的历史。在当代中国新课改的教育形势下，校本课程已然成为新课改的重点。校本课程（school-based curriculum）即以学校为本位、由学校自己确定的课程，它与国家课程、地方课程相对应。

学时应让学生尽早熟悉并适应环境，了解校纪、校规，以及增强对集体和同学的认同感，减少对新环境的畏惧心理；节假日学生思想容易放松，接触的安全隐患比在校期间多，因而假期的教育能够使学生警钟长鸣，防止出现意外。另外学生社会实践、春秋郊游等活动也会使学生面临许多不确定因素，这些都是对学生教育的好时机，应该充分地加以利用。

4. 将安全教育与心理辅导结合起来

良好的心理素质是保障学生安全的内在因素。目前许多发生在学生中的安全意外有相当一部分是心理障碍造成的。如"明知山有虎，偏向虎山行"的逞强心理；喜欢与教师、家长对着干的逆反心理；爱冒险、出风头的逞能心理。学校要重视学生的心理安全教育，培养学生健康的心态，使学生在面对危险和困难时能采取正确的行动。要采用心理疏导的方式，将心理教育融入安全教育各个环节之中，使学生形成良好的心理品质，为今后融入社会做好准备。

第二节
校园治理的细节

校园治理的细节

精心规划与实施校园建设
建立和完善学校规章制度
科学构建学校组织结构　　　　一、"小"处见"大",形成学校精
开展教学及课程治理　　　　　　　细化治理
积极营造校园文化

　　　　　　　　　　　　　　　人情味
　　　　　　　　　　　　　　　讲原则
　　　　二、原则第一　　　　　善考察
　　　　　　　　　　　　　　　做决策

尊重教师
相信教师　　　　三、温情有度的治理
关心教师

　　　　　　　　　　　　　　　理念精简
　　　　　　　　　　　　　　　制度易行
　　　　四、学校治理回归简易　　解放教师

校园无小事，事事育人。"天下难事，必作于易；天下大事，必作于细。"① 真正抓好了精细化治理，学校才能最大限度地发挥教育资源的效益，营造健康和谐的教育生态环境，提高教育教学质量和办学水平，不断促进学校的可持续发展。

一、"小" 处见 "大"，形成学校精细化治理

关键词解读 ▶ 学校精细化治理

精细化治理可以概括为"运用程序化、标准化、数字化和信息化的手段，使各级组织和单元精确、高效、协同、持续运行的一种治理方式"②。简单地说，就是要将复杂的工作简单化，简单的工作规范化，规范化的工作程序化，程序化的工作标准化。而学校的精细化治理是指学校在教育、教学、安全、办公、后勤等各方面治理到位，责任到位，使工作的质量标准大幅度提高，减少或避免工作的失误与不足。在学校治理中形成精细化的理念，并应用于学校建设的方方面面，形成善于在细微之中做学问、做事情的风格，培养精益求精的精神，拥有科学、规范的工作流程，能在很大程度上提高学校的教学水平和治理质量。这是社会分工的精细化以及服务质量的精细化对现代学校治理的必然要求，是将常规治理引向深入的基本思想和治理模式。"精"者，去粗也，不断提炼，精心筛选，找到解决问题的最佳方案；"细"者，入微也，究其根由，仔细为之，把握事物内在联系及规律性。精心思考，细微治理，自然天成。

锦囊妙解 ▶

有个美国青年大学毕业后去一家汽车公司应聘，然而和他同时应聘的 3 个人都比他学历高。当他们面试失败出来，他觉得自己也没什么希望了。但他想，既来之则安之，于是敲门走进了董事长的办公室。一进门，他发现门口地上有一张纸，便弯腰捡了起来。原来是张沾有油污的废纸，他便顺手把纸扔进了废纸篓里，然后走到董事长的办公桌前说："您好，我是来应聘

---

① 出自中国古代春秋时期老子所著《道德经·第六十三章》，该句意思是天下所有的难事都是由简单的小事发展而来的，天下所有的大事都是从细微的小事兴盛起来的。该书是中国古代先秦诸子分家前的一部著作，是道家哲学思想的重要来源。

② 赵琼，吴岚. 高校精细化教学管理的探索与实践［J］. 河北职业教育，2008（11）：128.

的。"董事长说："很好，你已经被我们录用了。"年轻人很惊讶："董事长，我觉得前几位比我好，怎么把我录用了呢？"董事长说："前面3位的确学历比你高，而且仪表堂堂。但是他们的眼睛似乎只能看见大事，而看不见小事。一个忽略小事的人是不会成功的。所以，我才录用了你。"就这样，这位年轻人进入了这家公司。不久之后这家公司名扬天下，并从此改变了美国的经济状况，使美国的汽车产业在世界独占鳌头。这个年轻人就是福特汽车公司的创始人——福特。

　　生活中有大事也有小事，但许多大事都是由小事组成的，所以，关注小事是人们得以成功的关键。古人曾有"一屋不扫，何以扫天下"之说，讲的也是这个道理。只有从点滴做起，关注细节，才能做好大事，做成大事。"跬步不休，跛鳖千里；累积不辍，可成丘阜。"① 意思是：一小步一小步不停地走，跛脚鳖也能够到达千里之外的地方；持续不断地堆积沙石，就可以形成高丘。荀况说："骐骥一跃，不能十步；驽马十驾，功在不舍。"② 也就是说，尽管客观条件不好，但只要不懈地努力，也能够取得成功。相反，只有好的条件而自身不努力是不行的。

　　小事成就大事，细节造就完美。老子曰：天下难事，必作于易；天下大事，必作于细。宏大的事物和微小的点滴是有着紧密联系的。为了做好工作，需进行大事和小事的分类，但有时很难分清楚什么是大事，什么是小事。在特定的情况下，甚至不能说向教师问好就是小事，而召开一个行政会、工会选举会才是大事，向一个教师问好，也完全有可能成为重大事件。很多最细小的行动，都无法预见其最终结果，因此，在行动之初，每一个事件都值得给予关注。它们都是工作或生活中的有机组成部分，若对事物给予足够的关注，则其结果将会非常不同。就像一个好老师，能从孩子的细小行为或不重要的言谈中，看到与其密切相关的东西，从而有效地发展这个孩子。

　　如果你认为宏图大略才是真正的大事，而那些无关"战略"的事情，根本不值得关注，那么，很可能将有一大堆"小事"给你带来一连串麻烦，导致你的重大机会被破坏，甚至化成泡影。

　　那么作为校长，能否从小事做起，直接关系到你处理事务的成败。教育

---

① 　出自《淮南子》卷十七《说林训》。

② 　出自《荀子·劝学》。《劝学》是战国时期思想家、文学家荀子创作的一篇论说文，是《荀子》一书的首篇。文章较系统地论述了学习的理论和方法，分别从学习的重要性、学习的态度以及学习的内容和方法等方面，全面而深刻地论说了有关学习的问题。

事关人格修养，校园无小事，人格尊严往往就在细微处体现出来。正是在一些小事情上的建树，才昭示了成功的必然。做好小事是办好大事的基础，校长应当学会处理小事，从小事中寻求突破，这是一种非常重要的领导能力。所以需要关注谈话细节，保持言语一致；重视处事细节，保持思想一致；强化人格细节，保持行动一致；聚焦生活细节，保持言行一致。千万别认为自己是个做大事的人，而不屑去做小事，要知道，连小事都做不好，别人不会相信你能做成大事，万丈高楼平地起，基础是最重要的。做小事易，真正把小事做好则难，这里不仅要讲方式、方法，又要讲做小事的艺术。所以学校需要引入和推行以"精确、细致、深入、规范"为主要特征的精细化的治理。

1. 精心规划与实施校园建设

精心规划校园环境，按规划分步建设、逐步完善是非常重要的。在规划校园时，要立足实际，着眼未来，通盘考虑。要从学校的整体布局、建筑造型、色彩、视野与建筑的协调性，以及校园绿化、室内布置、校园卫生、硬件配置等方面入手，认真进行研究和探索。同时，要禁止只顾眼前，盲目建设，破坏校园整体效果的短期行为。规划制定后，大到校舍建设，小到景观布置，植树种草，都应做到按照规划实施。校园环境具有暗示性、渗透性等特点，它对学生潜移默化的影响是深远而持久的。因此，对校园人文景观也要进行精心设计，努力创设"时时有教育，处处受熏陶"的校园环境。

2. 建立和完善学校规章制度

实施精细化管理，必须摒弃"人治"，要依靠学校各项规章制度，使学校治理走上法制化、规范化之路。学校治理的各个方面、各个细节，都要建立相应的治理制度，使各项规章制度在精细化治理中发挥"人人有事做，事事有人管"的重要作用，实现"校领导在与不在都一样"，学校都有章可依。精细化治理对规章制度的要求是：第一，制度必须合法。学校的各项制度建设都必须在国家的法律和行政法规范围之内。第二，体现在学校与教师的发展目标科学合理。必须考虑学校和教师的实际，这样的制度才能有效地促进学校的发展。第三，制度要有前瞻性。要考虑到制度的长远作用，要发挥制度的引领作用，学校管理者首先要根据学校发展目标，高瞻远瞩地建立和完善治理制度。第四，学校治理制度建设必须循序渐进，要遵循发展规律，科学规划，逐步实施，最终达到预期目标。

3. 科学构建学校组织结构

现代管理科学要求学校管理者坚持以人为本，不断优化内部组织结构，打造扁平化治理组织结构，建设现代学校治理制度。实践证明，扁平化组织结构能有效地适用于学校精细化治理。扁平化组织结构减少了中间治理层次，减少了决策与行动之间的时间延滞和信息失真，加快了动态反应。扁平化组织结构的建立，打破时间和空间上的限制，从而产生一种类似于无边界的新型学校。在构建学校组织结构时，要注意以下几点：第一，学校组织结构的设计要符合学校自身的特点和需要，尽可能保持其相对稳定性。第二，进行学校组织结构设计，要有相应的岗位责任书，明确其职责、任职条件和要求。第三，建立和完善各项治理制度，明确归属职能部门。

4. 开展教学及课程治理

学校教学治理的重点是常规教学，常规教学要规范操作。第一，教学和课程治理要强化常规治理，建立并完善整套常规教学治理制度，并进行督导检查，内化为每位教师自觉遵守的教学意识，最大限度地克服教学中的随意性和盲目性。第二，教学及课程治理在于狠抓落实。教学精细化治理要抓好备课、讲授、作业、考试、评价、教研等各个环节，充分调动教师的教学积极性，切实提高教学质量。第三，教学及课程治理离不开教学督查，做到有检查、有落实、有整改。一是要检查与讲评相结合，二是要检查与指导相结合，三是把检查与整改相结合。要精心规划课程建设，实施有效的跟踪治理，进行科学的校本研究，开发出适合本区域或本校的课程。

5. 积极营造校园文化

校园文化建设已经成为学校管理者的积极诉求，正在成为推动教育事业发展的强大动力。学校精细化治理要求相应的校园文化，浓郁的校园文化氛围，健康的校园文化活动，奋发向上的师生精神风貌，是一种强大的感召力，有利于学生良好人格、学校良好风尚的形成。校园文化的核心价值是学校在长期办学过程中形成的共同价值观、思想观及行为方式。因此，在营造校园文化时，一是在内容和形式上要注重细节，学校要从办学理念、办学特色、校园标识等方面综合考虑，制定切合实际的校训、校规。开展以"育人"为宗旨，以校风，学风建设为核心，以寓教于乐为手段的多样化、高品位的文化活动，以内化全校师生的思想和行动。二是要精心建设校园文化阵地。学生的健康成长，需要社会大气候的阳光雨露，更需要小环境的呵护培育。学校应针对不同学段的学生特点开展活动，以高尚的精神塑造人，以正确的舆论引导人，以优秀的作品鼓舞人，净化心灵陶冶情操，培养人才，服务社会。

学校精细化治理是一种面向全体教职员工的治理，一种重在执行的治理，是一种持续改进的治理。管理大师杰克·韦尔奇说："在长期和短期之间保持平衡是管理的实质。"精细化治理是动态的过程，需要长期和不懈的努力，要不断地精细化，持续追求，永无止境。

二、 原则第一

关键词解读 ▶ 原则

代表性及问题性的一个定点词，行事所依据的准则。在学校里，校长要凝聚人心，应以身作则，给教师做好榜样，言行一致，严于律己，处理事务坚持原则。

锦囊妙解 ▶

赵匡胤做大将军时，有一天，由于天热，他想讨杯酒喝。曹彬那时正在酒坊做管理员，见大将军来了，连忙出来迎接，赵匡胤根本没把曹彬放在眼里，开口便说道："天太热，快快给我打一壶酒来！"没想到，曹彬却一本正经地说："大将军，我不能私下把官酒赠予您。"赵匡胤正要发怒，只见曹彬从怀里掏出一块银两，交给其属下说："给我打两壶酒来。"属下先是愣了一下，但很快就明白了曹彬的用意，便把银两收起来，给曹彬打了两壶酒。曹彬把酒倒进了杯里，亲自端给赵匡胤，请赵匡胤喝酒。后来，赵匡胤提拔了曹彬。

以史为鉴，要真正做一个敢于坚持原则的人，首先要处理好他人利益与自身利益的关系。其次要加强党性修养，正确处理党性与人情之间的关系。最后要坚持以身作则，处理好正人与律己的关系。马丁·路德也说过："我们无法防止鸟飞在我们头上，但我们有权利不让鸟筑巢于我们头上。同样，我们无法防止邪恶的思想闪现脑中，但我们有权不让邪恶的思想筑巢于我们脑中。"没有规矩，不成方圆。作为一所学校的校长，究竟如何将人情味浓与原则性强这两个不相关的特性有机结合在一起，又正确处理好二者的关系？

这里从"人情味""讲原则""善考察""做决策"四个方面来谈一谈合理平衡人情味和原则性的问题。

1．人情味

其实要平衡人情味和原则性的关系，首先就要把人情味摆在前面，对待教师多一些人情味，真诚地关心中层行政人员和教师工作、生活中的困难和疾苦，不居高临下，不盛气凌人，这样才更有助于在工作中坚守原则，得到教职员工的理解。作为校长，平时应该多到年级组和各办公室走走，主动深入到教师当中去，了解教职员工的情况，掌握教职员工的工作和生活基本动态，让教师体会到来自学校的关怀。光会说一些漂亮话是不够的，需要有实际行动，不失时机地显示校长的关心和体贴，无疑是对教师的最高赞赏。比如：记住教师的生日，在他们生日时向他们祝贺；教师住院时，校长或直接委托人一定要亲自探望；关心教师的家庭和生活；抓住欢迎和欢送的机会，表达对教师的赞美。

2．讲原则

虽然学校是一个讲人情味的场所，但是校长在处理事务的过程中必须要坚持原则，不可凭直觉决策，该按制度办的，坚决按制度办。让制度说话，不独断，有典有则。要树立正气，不要忽略"小人物"，对待员工要"一碗水端平"，不要随便向教职员工发脾气，在批评时一定要顾及中层行政人员的情感，千万不要与教师称兄道弟、关系过密，要保持一定距离，有距离才有威严。古圣贤孔子说："临之以庄，则敬。"① 要学会积极地倾听教师的声音，要积极帮助新教师度过磨合期。对待制度不能有丝毫的含糊，明确指令，令行禁止，以工作规范约束教师，把教师的行为秩序化。上梁正了，学生就受益了。不能让人产生校领导人情味浓就会放弃原则的想法，使那些想提无理要求的人退避三舍。但是我们也要注意，在不违反原则的前提下，要尽可能多讲人情味，使每位教师都容易接受，不至于认为是在唱高调、打官腔。一个没原则性的校领导是不称职的校领导，一个只有原则性、没有人情味的校领导是不合格的校领导。

3．善考察

要做一名善于用人的学校领导，必须学会考察教师，成为一名优秀的"临床专家"，这是学校领导的一项基本功。学校领导不掌握考察人的本领，

---

① 出自《论语·为政》，该句的意思是你对待人民的事情严肃认真，他们对待你也会恭敬起来。

就无法辨别贤愚优劣。考察方法有直接面谈、随时观察、有意考验、群众评议、依靠专家、竞争测评、注重实绩、试用考察等。还要注意嫉妒心强者、投机者、偏激者、权力欲强者、拘泥于小节者、自命不凡者、爱慕虚荣者、爱吹牛拍马者这八种人是不可重用的。

4. 做决策

做任何事情，在决策之后很可能会碰到不曾想到的困难。这时，敢于坚持自己的决策是第一位，事业的未来和发展，也在于意志的坚定和百折不回，做出了决策就要坚持到底。决策是一个过程，应当遵循一定的程序，决策程序包括决策每项工作所应进行的顺序和步骤，也包括在每个步骤上所应解决问题的范围和要求。决策程序具有规律性，它是成功决策的必经之路。经验证明，成功的决策不一定都按固定程序办事，但不按程序办事，常常是决策失败的重要原因，这也是我们坚守原则的根本。一般决策程序有以下四个阶段。

第一阶段，提出问题，探查环境，寻求要求决策的条件。提出和确定决策问题，最主要的是要明确该问题是否需要解决，以及应花多大的代价加以解决。此外，还要探查环境对解决问题是否有利，寻找要求决策的条件，这将为决策的进行提供重要依据。

第二阶段，创造、制订和分析可能采取的方案。进行备选方案的拟定，这一般至少要两个方案以上，最好方案多而详尽，以防漏掉。内容要全面，既有定性分析又有定量分析，既要讲利又要讲弊，既要讲必要性又要讲可能性。

第三阶段，从多个备用方案中，选出一条特别行动方案。对方案进行选择时，要有自己的价值标准，广泛征求专家和教师的意见，这不但对方案的选定有利，而且对以后方案的执行也有利。

第四阶段，对选择的方案进行评价。对于选定的方案质量和可行性，做进一步的筛选审查和评价，并在必要时进行修改和补充，而且还要进行防范性分析，分析可能在实施中产生的副作用和各种问题。

三、 温情有度的治理

关键词解读 ▸ 温情治理

这是指以人为本、增强学校凝聚力的一种现代学校治理模式。让治理过程饱含爱心、充满人情，用民主的、友好的办法来组织教师、安排实施教育教学、化解矛盾，这对于构建和谐校园有极其重要的意义。现代学校的治理应该是"温情有度"。"温情治理"不是作秀，不是要手腕儿，而是出于对教师的真正尊重、真正关爱，恩以结人，信以任人。

锦囊妙解

美国得克萨斯州一家电视机厂经营不善，濒临倒闭。新任经理是日本人，其管理方法耐人寻味：一上任，先邀请员工喝咖啡，还赠送每人一台半导体收音机。他说："你们看看，这么脏乱的环境怎么搞生产呢？"于是大家一起动手，清扫厂房，使工厂面貌为之一新。他不仅雇请年轻力壮的人，而且还把以前被厂里解雇的老工人全部召集回来。经理温情换人心，员工感恩戴德，生产效率迅速提高。

"温情治理"是一种科学的治理，往往能收到意想不到的效果，对现代创新型学校尤为重要。古人云，得人心者得天下。学校治理，首先是治理人，且重在"理"，不在"治"，处罚是手段而不是目的，让教师都主动遵守与维护学校的制度，使学校始终处于一种稳定、健康、和谐的教育教学环境中，才是最终目的。希腊神话中的皮格马利翁，一次雕出一个美丽的少女像，由于倾注了浓厚的感情，那雕像竟然活了。我想，只要对教师多一些"温情"，教师也是可以"活"起来的。温情治理的核心，是通过尊重、信任、关心教师，培育学校的亲和力。

1. 尊重教师

学校领导要尊重教师，心存感激，培养知遇感。教师是有感情的，他们都有着很强的自尊需要。作为管理者，一是要让教师享有更多的民主权利，借以养成主人翁意识。二是尽量不要让教师丢面子，防止教师产生抵触情绪。三是善于发现教师的特长，充分挖掘他们的潜能，让其在合适的工作岗位上施展才华。

2. 相信教师

学校领导要相信教师，恩信并用，培养责任感。让教师增强责任感的前提是信任教师。在社会上流传着这样一句话：你敬员工一尺，员工敬你一丈；你敬员工一丈，员工把你举到天上。可见，只要管理者信任教师，并赋予教师一定的管理权，恩以结人，信以任人，教师就会诚心诚意地履行责任。

3. 关心教师

学校领导要关心教师，屈而有度，培养亲近感。管理者应该懂得，人心是世界上变数最大的东西，它越遭冷落越淡漠，越受关怀越火热。对于绝大多数教师来说，他们都希望把学校当成自身的归宿。在这种情况下，管理者一定要宽容大度、与人为善，时刻惦记教师的工作和生活，多做暖人心、感人心的事，切忌以冷漠、粗暴、训斥的态度对待教师。

四、 学校治理回归简易

关键词解读 ▶ 简易治理

在学校治理从简单到复杂的发展过程中，要警惕学校治理的繁杂，要成就教师有质量的教育教学生活，学校治理就必须回归简易，即理念精简、制度易行、解放教师。"简"是简单、简练、务本求实——其观点和语言极其精练，去除迷雾，一针见血，直击本质和核心；"易"指容易方便，易知易行——其管理模型简单实用，操作容易。

锦囊妙解

小辛从小就崇尚武术，到处求师学艺，到处打听有绝招的师傅，终于他打听到一位会绝招的师傅，据说这位师傅在民国的时候当过擂主，小辛大喜过望，立即拜他为师。小辛迫切地想学绝招，可是让小辛失望的是，师傅的课是普通的直拳，再普通不过了。直到有一天，师傅快去世了，徒弟们都围在他床前，等他在临终前传授绝招。眼看师傅的双眼快合上了，小辛的大师兄，也是他的大儿子急了，跳到师傅的身上，掐住师傅的人中，师傅艰难地睁开双眼，大师兄大叫一声：父亲，绝招在哪里？此时，师傅伸出他的右手，用直拳使劲一推就断气了。大师兄失望极了，这就是绝招吗！小辛也很失望，这怎么会是绝招！后来，小辛结识了一位跆拳道世界冠军，他蝉联了四届跆拳道世界冠军，可谓绝无仅有。小辛问他，什么是绝招？他没有回答。在后来的实战对阵中，他先后与四位世界顶尖对手对阵，每个对手都倒在他的右腿下。小辛明白了，原来把简单的事情重复地做直到最好，练到无可替代，这才是绝招！师傅的绝招原来就是直拳，他靠这一招过关斩将，他靠这一招赢得了声誉，赢得了威望。

这个故事深刻启发了我们，治理学校的过程中，就应该将简单的事情重复做并将其做到最好，打造出无可比拟的优势。纪晓岚的遗训："心心在一艺，其艺必工；心心在一职，其职必举。"《淮南子·人间训》："树黍者不获稷，树怨者无报德。"① 意思是种黍子的不会收获稷子，种怨恨的不会得到恩德。可以理解为种瓜得瓜，种豆得豆，谁种仇恨他自己遭殃。教育其实也很简单，最大的真理是最简单的，一句话：遵循教育规律办事。就是唤醒生命自觉，焕发生命的活力，凸显生命的高度，感受生命的崇高。

在学校治理中，经常遭遇这样的事实：几十种口号在一所学校里常见，满墙都是办学理念；制度手册陈旧，成为摆设；校园环境装饰繁复，充满装修味；教师任务繁重，陷入紧张劳乏之中，过不上一种好的教育生活。如何解放教师，成就其有质量的生活？如何警惕学校治理的繁杂？那么就通过下面这几种方法，让学校治理回归简易。

1．理念精简

理念精简指学校办学理念体系精练简洁，避免因说法繁多而导致理念体系庞杂臃肿。首先，需要成分简单。办学理念体系的构成应该充分、清晰、简单，包括学校核心价值观、育人目标、办学目标、校训、校徽和校歌。其余成分属多余，如校风、教风、学风等，因为校训就是对全体师生行为共同起规约作用的文化训词。而常见的情况是，每个"风"都由若干词组成，谁都记不住，弄得人发疯，不如没有。其次，语言宜朴实。语言朴实指学校办学理念体系及其各种报告的语言表述贴切、低调、简短，若能做到言近旨远更好。在办学理念管理中，学校可以研究和引用适合自身历史和现实情况的中国传统文化中的经典表述。如某小学的象棋特色突出，学校提出了"走好每一步"的核心价值观，专家小组介入后把项目特色提升为文化特色，提出"积跬步、致千里"的简易核心价值观，比许多学校都使用的"走好每一步"更具个性，表达朴实，意义却相当深远。

2．制度易行

学校制度治理内容包括学校章程与各项规章制度、治理机制和流程、学校组织结构等。制度易行指学校制度易知易行，实用而操作方便。学校可以从两方面解决制度、流程、结构复杂烦琐等问题，做到清除多余，解放人力、精力和时间。第一，画组织结构图。组织结构指学校横向的职能部门与纵向的等级权力链所构成的网络，把学校职能部门的职责、权力关系等用图形语言表达出来，即组织结构图。一图顶千言，可以使用图形语言实现制度

---

① 出自《淮南子》卷十八《人间训》。

治理的简化功能。第二，画流程图。流程图与流程治理密不可分。流程治理指对学校的教学治理、学生治理、后勤治理、环境建设等重要职能部门的常规工作及其制度规定加以简化、节省时间且做起来容易的做法。流程图是以特定的图形符号加上说明的框图，如课程实施流程图、教研活动流程图等。流程图可以直观地描述一个工作过程的具体步骤，以便直观地跟踪和图解学校治理方式。流程图也可用于设计改进某项工作过程，具体做法是先画出事情应该怎么做，再将其与实际情况进行比较。流程图形象直观，操作一目了然，不会产生歧义。

3. 解放教师

这里主要谈如何解放学校管理者和教师，实际上二者应相互解放。第一，控制会议。控制会议指控制会议召开的频率、时间和内容。会议是必不可少的沟通手段，如果召开，必须是高产出。学校管理者遵循简单原则，会议就可以变成一种非常有效的工具。会议主题必须聚焦、明确，遵循专注原则；会议主持人和发言人做好充分准备，限制发言人主题和时间；在规定的时间里把话说完是重要的简易原则。第二，利用报告。学校报告包括一切书面内容的会议记录、通知、备课和听课笔记、建议书、课题报告等。管理者利用报告，从一分钟的阅读中所收获的东西很有可能比听一分钟电话要多得多。写报告的人包括教师和行政管理者，遵循以下原则：报告必须改为接收者或管理者导向型。只有这样，才最有可能引发管理者迅速采取行动；报告语言应该简明准确；内容言简意赅，必须关注效果。第三，引导读书。"如果我们想帮助他人发展，就必须找到其最适合的学习方式。人们总是伴随任务的发展而发展。"① 解放了教师的时间和精力来做最重要的事情：读书和教书。尽管许多必要的琐事占用教师一些时间，但学校应让教师每周有一定时间用来读书和交流，让读书成为习惯和生活方式。只有这样，才能创造紧张而自由的生活。

除了学校治理的简易方式外，我们还可以再看看对于校长、中层管理人员和教职员工来说，实现"简易"的七个技巧。

（1）事情原本非常简单。我们总在寻找最得体的解决问题的办法，结果却使事情变得越来越复杂。事实上，如果用侧面思维改变惯有的行为方式，你就会发现事情原本非常简单。做事的道理一定是简单的，凡是复杂的道

---

① 赵琼，吴岚. 高校精细化教学管理的探索与实践 ［J］. 河北职业教育，2008（11）：128.

理，注定很难。

（2）明确应该做什么。实施目标治理是追求简单的根本，目标治理的要点在于：一是以人为本，重视调动人的主动性和积极性；二是权责明确，能正确处理好各级之间集权和分权的关系，使管理者从事无巨细的事务中解脱出来；三是推行效果第一的方针、目标，把重点从日常工作转到工作成果。目标治理看重的是成果，即以效益论英雄，所以通过体制创新、责权统一、制度和纪律来实现目标治理。同时，我们的管理者在分派任务时，应暗示所希望的标准，管理者发出的指令要明确，不能模棱两可，不能有"可能"的介入。有些人喜欢在指示句之前，加上"也许"的字眼，往往令人无所适从。

（3）凡事必有顺序。一个好的计划，必须要将事情做有序的安排。没有顺序，很多希望都会落空。这个事实告诉我们：必须分清事情的轻重缓急，用系统思维搞清楚它们之间的关系，抓住重点，才能让问题迎刃而解，让工作水到渠成。

（4）事情不会自己完成。有了目标和顺序，还等什么？现在就开始努力工作。决心第一，成败第二，不偷懒，不松懈，不放弃。

（5）有些事出乎预料。我们无法避免"意外"，但我们可以做好准备迎接"意外"，并将其影响降到最低。认真第一，聪明第二，尽量详细地考虑好各种"意外"，包括各种内部和外部的风险、干扰、变化，提前做好预案，让变化成为计划的一部分，这是项目顺利实施的重要保障。

（6）有些事非此即彼。怎样才能知道自己正在向设定的目标行进，而不是与它擦肩而过或背道而驰？事情的结局不是这样就是那样，努力让自己掌控事态的发展方向。不但要学会低头做事，还要学会抬头看路。

（7）从他人立场看问题。问题越来越多，压力越来越大，你已经觉得自己孤立无助，无法突破这种"瓶颈"状态，此时不妨从他人的立场看待所面临的问题，也许会峰回路转，重获"坐看云起"的轻松自信。往往没有人会拒绝改变，但所有人都拒绝被改变。所以遇到问题时，学会从他人立场看问题，就会豁然开朗，化解冲突。

很多人把简单的事情复杂化，却没有几个人能把复杂的事情简单化，后者通常被称为解决问题的高手。杰出之所以杰出，是因为罕见，我们把自己连接于罕见，岂不冒险？既然大家都很普通，那么就不要鄙视世俗年月、庸常岁序。不孤注一掷，不诅咒发誓，不祈求奇迹，不想入非非，只是平缓而负责地一天天走下去，走在记忆和向往的双向路途上，这样，平常中也就出现了滋味、出现了境界，珠穆朗玛峰的山顶上寒风透骨，已经无所谓境界，世上第一等的境界都存在于平实的山河间。

如果我们与"复杂问题"纠缠不清，盲从最新的管理理论，用一些含混的方法来解决这些问题，结果只会越来越糟，凡做某事最成功的办法，也是最平常的办法。在冯友兰《新世训》中有一个故事，有一人卖治臭虫方，将方写于纸上，用信封封固，买者须交价后，方可开视。一人买此方，交价后开视，折纸上写二字曰："勤捉"。此虽说是笑话，然此治臭虫方确实是代表真理。此真理即是：凡做某种事最成功的办法，亦即是最平常的办法。

第三节
矛盾出现的处理

矛盾出现的处理

产生冲突的原因
化解冲突的策略
突发性冲突的化解方式
应该避免的处理方式

一、化解学校冲突

二、批评的艺术

批评实施前
批评实施中
批评实施后

处理自己的不满情绪
处理他人的不满情绪

三、消除教职员工的不满情绪

毫无疑问，在学校治理过程中，总会碰到一些"疑难杂症"，若不解决，治理工作就会陷入泥潭。托马斯·卡莱尔说："当我们与人争执而开始生气的时候，我们已经不是为真理而争，而是在为自己而争。"我们做任何事，都需要力戒莽撞，应多摸透对方心思之后再行动，这样可以增加成功率。怎样做到这一点？首先要把自己变成一个"侦察专家"，多方面看、走、问、想，运用排除法，把问题的信息过滤一遍，最重要的留下来，然后再反复验证即可。有时解决棘手问题，极为重要就是知根知底，对其弱点不要过多去追根问底，知晓作为解决问题的依据，放在心里就好。

治理中常说无为而治，就是指所有的事都有人负责，所有的中层行政人员都做好各自的分内工作，教职员工自律有为。"萧何订法令，曹参照执行，百姓得安宁。"这就是无为而治的典型。"无为"，不是无所作为，不是什么也不做，而是一切顺应自然，不以人为去改变客观规律。

当危机出现时，要临危不惧，正常面对，要做好最坏的打算，有条不紊地采取行动，启动危机处置的预案，把公众利益放在首位，加强外界沟通，掌握对外主动报道权。比如设立临时办公室，对外专线电话，校方发言人，倾听各方意见。邀请权威机构协助处理危机，并使用清晰的语言告知关心公众发生的危机，并采取相应的行动。积极争取相关政府部门的协调帮助和处理。多倾听专家意见，危机处理完毕，吸取教训，并以此教育其他教师。

一、 化解学校冲突

关键词解读 学校冲突

一般是指学校成员之间、内部各群体之间、成员与群体之间由于目标、利益、需要、价值观等方面的不一致，在互动过程中发生的对立现象和行为。学校冲突根据不同的分类标准可分为多种类别。以冲突的主体为标准进行分类，可分为教师与行政人员之间的冲突、教师之间的冲突、教师与学生之间的冲突、学生之间的冲突等；以冲突产生的原因为标准进行分类，可分为压力冲突、利益冲突、目标冲突等。学校冲突是普遍存在的，它直接影响着学校的各种活动。

锦囊妙解

江河解冻，大地花开，只为阳光，我们需要照耀，需要思想与智慧的照耀。人是需要滋养的，精神上的雨露，对一个人心灵上的安慰和关照，应当说具有格外的意义。在人与人之间有争端发生的时候，无论争执的程度如何，对于争执双方都不好，因为火柴是无法在镜子那般光滑的表面擦出火来的。在中小学治理过程中，管理者经常不可避免地遭遇各类冲突，其构成了管理者不得不面对的挑战之一。在一所学校里，作为校长，在利益、思想、方法等方面，难免会与行政、与教职员工之间发生不同的矛盾。治理本身，就是一对矛盾。既然出现矛盾在所难免，就不要以一时一事来否定一个人，抹杀他的功绩，看人看主流、看本质，以退为进，屈伸有度，不要犯以偏概全的错误，避开锋芒，以防众创。学校领导者应该在着眼全局、兼顾局部的情形下，以动态的视角看待学校治理过程中的冲突化解问题。

这里从"产生冲突的原因""化解冲突的策略""突发性冲突的化解方式""应该避免的处理方式"四方面着重谈一谈。

1. 产生冲突的原因

在治理活动中，不论冲突是否真实存在，只要有人感觉到差异，冲突发生的概率就会增加。"有人的地方，就有江湖。"冲突的最主要来源就是两个字——差异。

第一，学校内部师生员工间的个体差异。在学校组织内部，不论是管理者，还是教师、学生，都有各自独有的社会背景、教育经历、生活阅历，这就塑造了各自独特的个性特点、思维方式和价值观。这种个体差异的结果就是面对同样事实，进行的解释或采取的行动常大相径庭，造成了合作和沟通困难的局面。

第二，学校中各部门结构的差异。从学校发生频率较高的冲突看，很大程度上是由学校内部结构的差异所致。学校中的工作分工形成了各职能部门、各学科教研组、各年级组纵向和横向的体系与分化。治理活动中，学校组织的部门结构差异常常会使教职员工在计划目标、实施方法、评职晋级、任务分配、绩效评估等诸多问题上产生分歧和冲突。

第三，资源配置的差异。学校内的资源包括经费、信息、权力、物资设备等，所有资源均具有稀缺性特征。学校内的成员或部门为了实现自己的目标，都会希望不断增加自己在资源方面的占有量，于是就形成了冲突。权力也是一种个体或部门希望占有的资源。当学校中不同利益方拥有的权力与地位出现明显差异时，权力小的利益方可能会对自己的地位不满，为了提高自己的影响力，就会陷入权力争夺的冲突中。

冲突容易产生，但是冲突不是静态的、不变化的，它实际上是一个随着多因素变化而不断产生动态走向的过程。而作为管理者，必须有把握动态走向的心理准备，学校管理者只有摆脱对待冲突所形成的思维定式影响，才能够实现治理思维的突破，以更开阔的视野去寻求化解冲突的策略。

2. 化解冲突的策略

第一，引导各方真诚倾诉与倾听，寻求创意合作。治理过程中引进创意，就是要形成以激发灵感、酝酿创新意图为宗旨的合作，我们称其为创意合作。创意合作情境下，管理者要引导学校成员各抒己见，求同存异。创意合作并不意味着每个方案都满足所有人的要求，只是要求管理者允许冲突各方真诚地说明自己的观点及顾虑，尽量不要保留；同时引导冲突各方学会倾听，采用积极关注的听、接受的听和共情的听等有效形式，倾听对方的陈述。"积极关注的听"是指冲突各方尽量将自己全部注意力都放在讲述者的身上，给予对方足够的关注；"接受的听"是指冲突各方暂且将自己的判断"悬置"起来，主动接受和捕捉讲述者发出的信息，了解他们建构意义的方式；"共情的听"是指冲突各方在相互倾听的过程中达到情感上的共鸣。在真诚倾听的基础上各抒己见，就构成了实现创意合作的基本前提。

第二，秉持接纳并鼓励冲突的积极态度。学校管理者应该扬弃传统管理理论对待冲突的错误态度，确立且秉持接纳和鼓励冲突的积极态度。以积极态度看待冲突，能够促使学校师生员工乐于探寻提升工作和学习效率的方法；能够认识到有些冲突不仅能够成为组织发展的积极动力，且对于组织或组织要素的有效活动是必备的。也就是说，这些冲突可能是学校不断发展、保持创新的催化剂。学校治理过程中保持适度的冲突，有利于推动学校师生员工形成批评与自我批评、不断创新、努力进取的良好氛围和风气。管理者应以积极的态度对待冲突，鼓励人们着手解决相互间的差异，并且参与到有道德、公平的学校组织建设中。需要强调的是，管理者接纳、鼓励冲突的态度并不是针对所有冲突来说的。一般情况下，管理者需要接纳、鼓励冲突应该是积极建设性的冲突。因此，学校管理者需要凭借自己的治理智慧，根据学校具体情况对冲突究竟是建设性冲突还是破坏性冲突做出理性的判断。

第三，化解重要的冲突事件，促进思想交锋。学校管理者需要在众多冲突事件中选择重要的、有价值的事件进行处理。然而，对冲突事件重要性、价值性的判断并不完全来自管理者，还要看不同利益相关者的不同看法。学校管理者常会面临一个巨大的、乱糟糟的冲突事件网络。学校管理者在判断冲突事件时，虽然要考虑利益相关者的观点，更关键的是要以教育规律为基本出发点。如果管理者用解决个体间冲突的方法解决团体间冲突，那么就犯了错误解决冲突问题的错误。为了更好地判断哪些冲突事件是重要的，学校管理者需要掌握分析冲突事件的基本方法。管理者化解冲突时需要创造一个思想交锋的平台，平台的理想形式是"学习共同体"。学习共同体平台倡导学校组织成员广泛参与，以交互性、开放性、灵活性为特征，鼓励成员间以分享、交流、讨论、磋商等形式进行思想交锋。在这个平台上，冲突各方以管理者通过边界分析、类别分析确定的冲突事件为主题，公开面对各种不同意见，充分开展理智讨论，在客观分析争端的前提下，激励各位成员努力发掘出更加富有创意的解决问题的办法。在学习共同体中常见的思想交锋是"头脑风暴"。

第四，关注学校冲突各方利益，"满足最低要求"。在学校内部，各构成要素在承担相应责任的同时，还保持着相对独立性和可分离性的迹象。所以，在化解冲突时，管理者要遵循公平与正义的原则，关注学校冲突各方利益。学校管理者在考虑和权衡化解冲突的途径与策略时，不可能面面俱到，管理者化解冲突时可以借鉴赫伯特·西蒙提出的"满足最低要求"的概念。"满足最低要求"就是管理者选择的行动策略是综合"满意"和"足够"两个方面做出的。在化解冲突寻求突破的过程中，管理者意识到信息、互动等成本的约束，因而"满足最低要求"可以被看作是使效果最大化的做法。

第五，构建广泛信息沟通网络，增进相互理解。冲突影响着组织内每位成员的努力，并对合作有导向作用，因为每个人都可以认识到与别人合作能够更有效地实现自己的目标。所以，为了促使冲突双方尽快形成共识，管理者应在日常工作中建立信息沟通网络，形成有效的协商程序和机制，如教职工代表大会制度等。当冲突发生时，通过这套程序和机制可以构建彼此信任、沟通便利的学校生态环境。构建信息沟通网络时，还可以利用现代传媒技术，构建多方利益群体参与的虚拟沟通网络，比如现在很多学校都在使用的"微信""QQ TIM""钉钉"等。这样就可以形成线上线下的立体信息沟通网络。当然，无论是哪种形式的沟通网络，信息传递都是在规范有序的专业程序中进行的，如学校规定的各种汇报制度等。通过这种正式沟通网络，可以提高信息传递效率及透明度，使冲突各方减少敌意、开诚布公，激发创意并达成合作。

第六，整合学校目标与内部结构，质性化解冲突。学校目标整合是通过修改并统一持有不同观点的群体目标实现的，改变学校组织结构就是采取新的协调方法，重新安排任务和工作位置。通过整合学校目标及调整学校内部结构，可以把偏离学校运行轨道的成员争取回来，从而化解学校冲突，同时也促进成员与学校组织目标保持一致，促进个人目标与学校组织目标的同步实现。

学校组织内部结构的改变，要遵循"以人为本"和"职能明确"的原则。学校工作以立德树人为主要目的，所有工作均应围绕促进学生全面发展的理念进行。为了更好地育人，学校需要对具体职位或部门预期所要取得的成果进行明确规定，对其应该开展的工作、所授予的权限，及与被充分理解的其他职权关系和信息关系给予明确规定。

3. 突发性冲突的化解方式

一旦发生冲突，应该怎么处理？冲突发生之后，当务之急，是要迅速查明原因，对症下药。然后根据不同的情况、不同对象，采取不同的方法进行处理。其主要方法有四种。

第一，以理服人，刚柔并济。大事化小，小事化了。如果对方的意见有可取之处，被顶撞的校长、副校长或行政，应当以宽广的胸怀和诚恳的态度，主动接受其意见，切不可明知自己不对，还装出一副正确的样子，盛气凌人，根本不把教师的意见当作一回事。如果对方的意见是错误的，要晓之以理，动之以情，耐心地说明和解释，使对方心服口服。

第二，以静制动，拖延艺术。学校不存在上下级的关系，都是不同的服务主体，担负着不同的服务职责。应该是存在治理与被治理的矛盾关系，其核心都是同事关系，所以同事间发生冲突时，双方往往都心情激动，精神紧张，有的甚至失去理智、不能自制，因而会出现言辞过激、声音过大等现象。对此，相关领导者应尽量努力克制自己的情绪，始终保持冷静的态度，仔细分析顶撞的意见后，再选择适当的时机，采取适当的措施。只有这样，才能避免矛盾的扩大和发展，变被动为主动。

第三，恩信并施，以柔克刚。有的教职员工脾气暴躁，心情急切，城府不深，对某些自己看不惯或不合自己心意的事情，常常发牢骚。一旦批评他就跳，有的甚至故意用激将法，引你发脾气，动肝火。对于这种人的顶撞，不要以硬碰硬，而应采取委婉的态度，先在表面上将意见接受下来，然后再把他往正确的方向引导，待他火气渐熄，再言轻意重地指出他的不对之处。

第四，旁敲侧击，严词驳斥。有的教职员工依仗自己有后台、有靠山，不把学校领导当领导，不知敬畏；有的以为自己资历深、年龄大，摆老资格；有的因为没有达到个人目的，存心要找茬，刁难学校，明知自己不对，却要强词夺理，无理取闹，瞎顶乱撞，以为奈何他不得。对待这种顶撞，既不要轻易让步，也不要针锋相对地反斥，而应从侧面入手，凡事"先有语言"，但不滥用糊涂语言，指出他的不对，言在此而意在彼，表面上我不气不恼，但言辞话语中却是非分明。这样做，既不伤他的自尊心，照顾了他的面子，又使他明白了道理。

4．应该避免的处理方式

在对教职员工之间矛盾冲突的处理过程中，除了因势利导，具体问题具体分析外，还必须注意以下几点。

第一，不拘泥于"小圈圈"。正确对待教师间的"小圈圈"。要及时发现"小圈圈"，在平时的活动中，正确地对待各种"小圈圈"，要学会有效地把其组合在整体利益之下，让每一个"小圈圈"都能自觉地以学校的整体利益为最高目标，而不仅仅拘泥于"小圈圈"中的是是非非。

第二，不掺和是非。"掺和是非麻烦多"，这句话对学校领导来说是一个真理，虽然听起来有点明哲保身的意思，但为了预防万一，免得使自己陷入一个是非旋涡中纠缠不清，校长要准确找到症结，必须注意在解决矛盾时要置身事外。

第三，不"火上浇油"。当教师间产生冲突后，如何妥善处理是很能显现办事水平的。你如果能处理好，使他们"化干戈为玉帛"，共同进步，就能让老师认同你这个好领导。如果使他们矛盾激化，那可就是吃力不讨好，"猪八戒照镜子——里外不是人"。所以采取处理矛盾的最好的方法，就是"单独接见法"。

第四，不影响工作。有人会说，同事之间闹矛盾不影响工作，那简直是"天方夜谭"。如果两个教师之间彼此不喜欢对方，双方之间经常还发生口角，又怎么会不影响工作呢？但是我们可以采取一定的办法把影响降到最低，比如安排他们在不同年级组办公，短期回避一下锋芒等。

冲突事件及化解方案是不断变化的，所以，冲突不会停留在被解决了的状态。面对动态的具有不确定性的冲突，学校管理者在进行化解时可借鉴老子"反者道之动"的观点。此观点提醒我们：一方面，事物都有向对立面转化的倾向；另一方面，化解冲突时莫忘初心，学校治理的初心是学生的全面发展。

二、 批评的艺术

关键词解读 ▶ 批评的艺术

批评是一种负激励行为，是领导者为保证组织目标的实现，对下属某些不正确的行为或偏离组织目标轨道的行为，进行口头或书面的训斥、告诫或教导，以限制、制止或纠正错误行为发生的领导行为。一个组织要实现其目标，就必须要有激励机制，有赏有罚，赏罚分明。批评是一种激励行为，是领导活动的一个重要组成部分。批评作为一种负激励，会对下属产生心理和行为上的压力和影响。成功的批评会使下属停止其错误的行为，使其思想和行为都统一到组织的目标和方向上来，为组织目标实现贡献自己的力量和智慧。反之，批评实施不当或滥用批评，就会使下属的思想和行为同组织目标偏差加大，甚至背道而驰。可见，讲究批评艺术具有十分重要的意义。

锦囊妙解

作为学校的校长，要掌握批评的领导艺术，其实是非常讲究秩序的，它分为"批评实施前""批评实施中"和"批评实施后"三个阶段。

1．批评实施前

批评实施前的深入调查。在批评实施前，学校领导者应该要深入调查，核准事实，进行充分的调查，掌握事实的真相。只有掌握了事情的真相，才能了解和把握其中情节，确定该事故的性质，以便选择相应的场合、时机、方式和方法进行批评，这是实施批评的前提。绝不能道听途说，人云亦云，不搞调查，乱批一通。

2．批评实施中

（1）批评实施中的场合选择。场合的选择十分重要，选择不同的场合所收到的效果大不一样。根据批评的范围可分三种场合：一是个别批评。这种场合批评方式多变，既可以有教育和谈心的成分，也可以有批评的成分，对被批评者一般不会形成太大的心理压力。二是当众批评。即在有关会议上或其他公共场合进行批评，批评信息不仅为被批评者所接受，而且为其他人所接受，批评面较广，能够起到"批评一人，教育大家"的作用，同时会给被批评者造成较大的心理压力。三是通报批评。指以文字形式进行较大范围的一种批评。根据被批评者的人数可分为两种：一是个体批评；二是集体批评。集体批评主要增加集体批评的压力，帮助整个集体认识错误，集体批评比个人批评效果好。

在实施批评时，选择批评的场合要把握几条：第一，能个别批评就不要公开批评；第二，公开批评应谨慎，使用次数不能太多；第三，通报批评，首先要做好事前的思想工作，让被批评者有所准备；第四，集体批评，一定是该集体的大多数人所犯错误。第五，切忌背后批评，以免造成误会和隔阂。

（2）批评实施中的时机选择。选择不同的时机会带来不同的批评效果，好的时机就会收到好的批评效果。因此，要抓住和创造有利的时机去实施批评。在时机的选择上要考虑以下因素：第一，被批评者的情绪状态。当情绪稳定，可以进行批评；当情绪不稳定，等恢复平静再批评。第二，错误性质和发展阶段。如果错误性质严重或仍在继续发展中，应立即批评或采取措施，以避免更严重的错误；如果是一般性缺点或者错误虽严重但已结束，可暂缓批评。第三，周围教职员工的反应。如果周围教职员工将当事者错误行为误解为正确时，应先缓解下来，给教职员工或当事人一个反省时间；如果教职员工对当事人错误行为认同，并且引起不良的影响，应立即进行批评。

（3）批评实施中的方式选择。关于批评方式的选择，通常批评的方式有"直接式批评"和"间接式批评"两种。对不同的批评对象应采取不同的批评方式，才能取得较好的批评效果。

①直接式批评。不同的方式有不同的适宜对象。第一，也是最常见的一种就是商讨式。批评者以讨论的口气传递批评信息，通过耐心的规劝和诱导使对方接受批评，认识错误。如对性情急躁倔强的人要采取以柔克刚的方式，先稳定情绪，让其慢慢理解领导者的善意。第二，直率式。也就是批评者在实施时措辞尖锐，开诚布公地指出问题，是一种比较严厉的批评，它直言利害和后果，以迫使对方认识错误。如遇性情直爽的人，这种人不喜欢别人拐弯抹角，而喜欢别人有话直说；再如屡犯不改的人，对错误不以为然屡教屡犯，采用直率式对其严加批评，给其思想以震动，促使其意识到所犯错误。第三，提醒式。即领导者提醒被批评者防止和改正某些缺点，点到为止。如生性敏感的人或一贯表现好而错误不严重的人，只要稍微点拨就会意识到错误并加以改正。第四，渐进式。指分步骤地逐渐加重的批评。如缺点多，错误较严重，对一次较重批评难以接受的人可以采用。

②间接式批评。有以下方式及其相应的适宜对象。第一，参照式，又叫"影射式"。提供他人的同类错误教训，衬托出所要批评的内容，启发被批评者反思自己的缺点和错误。如虚荣心较强者较适用。第二，引导式，又叫"以对明错"式。这种方式不是直接说明什么错误，而是说明怎样做才对。其适用的对象主要有：一是批评多，引导少，形成逆反心理者；二是犯了错误，处于动摇徘徊状态者；三是心胸狭窄，性格脆弱者。第三，宽慰式。对批评对象的错误不做任何批评，甚至在压力过大时加以宽慰，使被批评者内心深处体会到领导的宽容。其适用对象主要有：一是认识到错误正在痛定思痛的人；二是背上沉重思想包袱的人；三是自卑感重的人以及自觉性较高的人。

3. 批评实施后

批评实施后要及时检查和追踪观察。领导者实施批评后，并不意味着批评已经结束，还有一个很重要的但是也很容易被忽视的"善后处理"的环节。实施批评效果怎么样，被批评者是否真正改过，还要看善后处理环节，因此要及时检查，追踪观察。及时检查主要包括：一查自己。是否太主观武断，是否符合事实，是否方式不对，是否遵守原则等；二查教职员工反应。教职员工对批评有什么看法对受批评者有什么议论，有没有消极的情绪等；三查被批评者。员工受批评后，在行为上必然有所反应，应对受批评者的心理、行为和表现进行分析，以便制订应对方案。

批评实施后要加强沟通和化解情绪。被批评者受到批评后如出现消极情绪，就要采取补救措施，及时化解。一般情绪产生来自双方，一方面，是被批评者暂时还没有理解意图和要求，对批评心存误解或感到有伤面子等；另一方面，是领导本身批评失误或批评不当造成的。因此，领导者要多加强沟通，进行心理疏导，帮助其消除心理上的郁闷。领导者也要对批评进行再认识，对自己的不当行为或失误要敢于进行自我批评，从而创造一个宽松的心理环境。特别是对于消极情绪，领导者一定要矫正过分严厉的批评方法，改正对被批评者消极情绪不管不问的作风。对自己犯错后受到的批评，要敢于面对错误，及时挽回影响。对正确的批评，既要坚持，又要进一步说服，帮助其彻底改变过来。

批评他人是件苦差事，被批评者更不好受。但是批评对双方而言是一个很好的成长机会。换句话说，批评与被批评的"呼吸"会渐渐地融合成一体，这是一个不可欠缺的互动关系，否则人与人之间的对话会变得不投机，永远无法了解对方的用意。所以，交涉、折中、讨论、辩解、质问、道歉等，皆是由于"呼吸"的融合，才有其正面的意义，如果失去"呼吸"，批评与被批评就失去了意义。

有很多校长在中层行政管理人员出现错误的时候，不知道该如何批评。在这里也与大家分享一下批评行政管理人员时的几个注意事项。

（1）不在大家面前斥责行政人员。有的学校领导喜欢在众人面前斥责行政人员，是想以此来把责任转移到行政人员身上，好让教师们知道，这不是他们的错，而是某个行政人员办事不力，这种想法非常不当。既为该校校长，无论如何，总该对单位的人和事负有责任，这是谁也推诿不了的。一味强调不知情，反而暴露出其治理的不力，或相关的治理体制不健全，给人留下自私与狭隘的印象。学校所表现出来的一切，是全体教师员工努力的结果。外界产生不满，学校领导应当负起主要责任。"家丑不可外扬"，从治理的角度来说，不是完全没有道理，但要做到家丑不可外扬，学校领导首先不要把行政人员和教师的"丑""外扬"才好。

（2）不责备已经认错的人。有的学校领导下属越是认错，他咆哮得越是厉害。显然这是不明智的。的确有这样一些人，无论怎么批评，他该怎么做还是怎么做。出了问题嬉皮笑脸认个错就想了事。对待这种人大加指责是不高明的。无论是真认错还是假认错，先把认错肯定下来，然后，继续顺着认错的思路梳理清楚，错在什么地方？为什么会犯这样的错误？错误造成了什么后果？怎样弥补由于这种错误而造成的损失？如何防止再犯类似的错误等等。这些问题，尤其是最后一个问题解决了，批评斥责的目的也就达到了。总的来说，犯错是第一阶段，认错是第二阶段，改错是第三阶段。当校长的只能努力帮助他迈向第三个阶段。

（3）不因失败而斥责。不要因失败而斥责，失败本身是一种令人沮丧的事情，而最沮丧的便是失败者本人。失败的原因是多种多样的，可能是办事的人主观上不够努力，可能是办事者经验不足，也可能是由于某些客观条件不够成熟，甚至可能是由于巧合，偶然地失败了。如果未查明原因，不分青红皂白进行斥责，行政人员或教师肯定会不服。失败乃成功之母，很多成功都是在经历了失败之后才取得的，有失败才会有成功，如果一旦失败就被斥责，那么还有谁愿意去冒险失败？所以我们在判断失败这件事上，要看是否是好的动机，是否是方法指导错误，是否是由于不能防止或不能抵抗的外在因素的影响。对于成功者则不然，为防止骄傲或沾沾自喜，任何人都有权指出成功的不足之处，使他做得更好。

（4）不做无谓非难。不做无谓的非难，有些非难是没有必要的，有些虽然是必要的，比如行政人员或教职员工做错了事，不能不批评。假如对行政人员或教职员工的失败视若无睹，不加批评，甚至只有抚慰，就不能成为对行政人员或教职员工的一种警诫，可能还会重蹈覆辙。因此批评是必要的，关键是这种批评必须是针对工作，而绝不能损害被批评者的人格，要追究原因，使其反省，从失败中吸取教训，作为下次行为的借鉴。

（5）不说遭人反感的调侃和讽刺的话。针对讽刺的运用，若没有十分把握，最好不要冒险，尤其是不要做遭人反感的讽刺的动作。针对不同性格的人，采取不同的方法。比如有的顽皮一点的教职员工，采用调侃的方式比较受用。

（6）不妄作毁誉。每个人的性格都不同，有的人城府很深，轻易不褒贬人，有的人则心直口快。那么作为校长，对行政人员或教职员工评价的时候要注意，一是应尽可能做多方面的观察，不要妄作毁誉；二是不要先用形容词，一定要举出具体事例加以说明。不要轻易评价行政人员或教职员工，若非要评价，要详加斟酌，力求用语正确、准确。

（7）不为维护自己的声望而指责别人。不要说莫名其妙斥责人的话，更不要见东家说西家，旁人也会因为你不讲道理的指责而轻视你。

（8）不采用家长式的指责法。校长与行政人员的关系同家长和孩子的关系不无相似之处，但又不尽相同。所以不可采用"家长式"的指责方法。

（9）不恣意发脾气。学校领导也是凡人，也有心情好坏的变化，一旦我们说错了话，又悔恨莫及，要想得到行政人员或教职员工的原谅，不是那么容易的事，位置决定了我们必须学会忍辱负重。人总希望他人能以宽容的美德对待自己，但人们又常常不肯真正原谅别人的过错。即使嘴上说了原谅的话，心里仍在想："这家伙，骂我骂得这么难听，你气出完了，就来叫我原谅，有这么容易吗？"所以学校领导应该警惕，无论是遇到麻烦，还是心情不好，都不能随意发脾气，这真是一"发"不可收拾。

三、 消除教职员工的不满情绪

关键词解读 ▶ 不满情绪

心理学家认为："健全的关系依赖于双方表达愤怒和互相给予负反馈的能力。"学校也一样，能将分歧和不满摆在桌面上的学校部门，往往比将其隐藏和压抑起来的部门更具活力。因为人的积极情绪和消极情绪是同一个硬币的两面，如果不让消极者露面，积极者也就难以"浮出水面"。或者即使是显现出来，也难以长久。

锦囊妙解 ▶

负面情绪并不仅仅具有破坏性，许多时候它是一个迈向更高境界的踏板。正视它，就能从中发现隐藏在学校制度或治理方式中的痼疾，使我们能够不断改进，并防患于未然。将负面的东西从心里挖出来，然后积极的东西才会溢满心田。压抑和隐藏只能将负面情绪埋得更深，却不能让它们消失。而且随着负面情绪的积累，正面的、积极的、有益于我们个人和学校成长的情绪所拥有的空间会越来越小。生活中有阴影，但更有阳光，阴影只是阳光的附属品。所以我们开发积极心态的第一步是先让不满情绪释放出来。学校需要提供机会让教师们将不满情绪表露出来，也需要提供一种氛围让人们敢于袒露。出现这些不满，或"难缠"的教职员工，并不是毫无原因，不要惊讶，要及时予以开导，防微杜渐。一般而言，教职员工不满的原因无外乎是因为：学生的状况、家长的状况、教师间的状况、行政治理的状况、校长治理的状况、工资绩效及待遇情况、福利待遇情况、工作量额外事务状况、晋升表彰状况等。作为一所学校的校长，我们应该引导教职员工正视自己的情绪，理性地处理情绪。

接下来基于"处理自己的不满情绪"和"处理他人的不满情绪"两个方面谈谈。

1. 处理自己的不满情绪

如何处理自己的不满情绪？对自己的不满情绪既不能回避，也不能冲动，而应从理智地正视问题开始。英国管理与培训专家威廉斯提出，在自己受到伤害时，应按以下几个步骤处理。

第一，明确自己的目的。当不满情绪积累时，人们更想做的是惩罚和责备对方，让对方感到内疚或难堪；甚至希望报复对方以解心头之气。但这不具有建设性。真正的目的应该是解决问题，实现更为良好的合作关系。

第二，界定问题。当别人的言行让我们恼怒或不满时，我们往往认定他们故意和我们过不去。但事实上并非如此，别人对待我们的方式可能是由其习惯使然，这时他往往并没有意识到正在对我们构成伤害。

第三，明确清晰的反馈。我们不应马上批评对方，更好的方式是告诉对方，他的某个行为或态度伤害了我们。反馈要对事不对人，即不能说你这个人如何如何。从一种关系的长远发展来说，把真实的感受告诉对方是非常有建设性的，这种坦言相告而又不伤人的方式是维持和发展任何长久关系的最佳手段。

第四，提出要求。向对方提出可实现的、具体的要求，改变其对我们的某种行为或态度。

2. 处理他人的不满情绪

心理学的"踢猫效应"，就是当一个人内心有不满情绪，一般会沿着等级和强弱组成的社会关系链条依次传递，由金字塔尖一直扩散到最底层，无处发泄的最小的那一个元素，则成为最终的受害者。《吸引力法则》这本书之前非常畅销，书中提到，当一个人沉溺于负面或不快乐的情绪时，就会同时接收到负面和不快乐的事。所以，当我们内心郁郁寡欢，并把怒气转移给别人时，就是把焦点放在不如意的事情上，久而久之，就会形成恶性循环，好心情也一样。处理不满情绪的关键是查出原因。对于他人潜在的不满，要善于觉察其先兆，然后尽量让其将心里话说出来。也有的人等不及就已经开始发怒了。遇到这种情况要注意：第一，首先保持平静心情，不能以怒对怒，而是有礼貌地邀请对方面谈。第二，仔细倾听他说些什么，让对方知道你的关心。第三，除非对方蛮不讲理，否则听他将怒气发出来，控制好问题的范围。第四，从对方角度想，为什么会生气？他内心的想法是怎样的？要他明白，"听人劝事成半"的道理。第五，表示同情和理解，处在这样的情况下，安抚对方，许多人都会这样。"将欲夺之，必先予之"。第六，寻求解决问题的办法，求共鸣，采取迂回策略。"我们应该为这件事做些什么？你的建议是什么？"

适当的发怒有时具有积极效果，任何事情都不能绝对而论。在某些特殊情况下，发怒具有更明确的效果。因为发怒能给人以震慑，给人以深刻印象。此外，对某些人而言，被动、消极地退让、忍受会助长其攻击性行为，适当的发怒反而更有效果。不过发怒一定要审慎使用，如果不能有把握地控制自己的情绪，最好不要采用。

总之，不满情绪存在于管理者与被管理者之间，也存在于同事之间。作为学校管理者，要将不满情绪作为学校运行过程中不可回避的现实来看待，一方面要处理和运用好自己的情绪，另一方面要鼓励教师将他们的不满和怒气说出来，同时也要教他们以积极的方式处理不满和怒气。建设性地处理学校中的不满情绪能够提高教师工作满意度，加强学校教职员工之间的沟通和信任，提高学校凝聚力和士气。

第四节

体罚问题探析与解决

体罚问题探析与解决

一、体罚问题探析

二、体罚改善措施

改革舒张有度，监管权责合一
规章不可或缺，以"法"管人管事
责任落实到人，避免产生纠纷
普及法律知识，鼓励解决问题
校长做好"意见领袖"

一、 体罚问题探析

关键词解读 ▶ 体罚

就当前我国颁布的《中华人民共和国义务教育法》① 《中华人民共和国教师法》② 《中华人民共和国未成年人保护法》③ 及《中小学教师职业道德规范》④ 等法律法规和行业规范条例内容来综合分析发现，我国尚未对体罚与变相体罚做出明确定义，有的仅仅是"教师应当尊重学生的人格、不得歧视学生、不得对学生实施体罚、变相体罚或其他侮辱人格尊严的行为"或"不讽刺、挖苦、歧视学生"等浅显的引导性语句，这也使得许多人对体罚的认识非常模糊。

锦囊妙解 ▶

随着教育民主化进程的不断加快，国家对于体罚⑤和变相体罚等教育方式展开了深入批判和否定，在当代教育理念中，体罚和变相体罚学生已经是当代社会中最不文明、最不人道的不良教育手段之一，尤其是当教师对学生的错误处罚方式引起诸多意外严重后果，直接或间接地对学生生理健康、心

---

① 《中华人民共和国义务教育法（2018 年修正版）》第四章第二十九条："教师在教育教学中应当平等对待学生，关注学生的个体差异，因材施教，促进学生的充分发展。教师应当尊重学生的人格，不得歧视学生，不得对学生实施体罚、变相体罚或者其他侮辱人格尊严的行为，不得侵犯学生合法权益。"

② 《中华人民共和国教师法（2009 年修正版）》第二章第八条："教师应当履行下列义务：……（四）关心、爱护全体学生，尊重学生人格，促进学生在品德、智力、体质等方面全面发展；（五）制止有害于学生的行为或者其他侵犯学生合法权益的行为，批评和抵制有害于学生健康成长的现象……"。

③ 《中华人民共和国未成年人保护法（2012 年修正版）》第一章第五条"保护未成年人的工作，应当遵循下列原则：（一）尊重未成年人的人格尊严……"，第三章第二十一条"学校、幼儿园、托儿所的教职员工应当尊重未成年人的人格尊严，不得对未成年人实施体罚、变相体罚或者其他侮辱人格尊严的行为"。

④ 《中小学教师职业道德规范（2001 年修订版）》指出："三、热爱学生。关心爱护全体学生，尊重学生的人格，平等、公正对待学生。对学生严格要求，耐心教导，不讽刺、挖苦、歧视学生，不体罚或变相体罚学生，保护学生合法权益，促进学生全面、主动、健康发展。"

⑤ "体罚"在教育管理中通常是指通过对学生身体的责罚，特别是造成疼痛来进行惩罚或教育的行为。教师对学生身体使用的惩罚，可表现为各式殴打、罚站罚跪等。

理素质与精神方面造成严重损害。

近年来大量的"教师采取错误手段处罚学生""体罚与变相体罚造成严重危害"等新闻的披露造成家长群体内的人心惶惶，比如"禽兽老师""素质低下""地狱空荡荡、魔鬼在人间"等语句逐渐进入人们视线。同时舆论的错误引导、学生表达沟通有限使敏感问题变得不易把控，校方在处置时往往也难以判定权责。因此出现解决方式一边倒，轻则教师赔礼道歉、赔偿医疗费损失费，重则行政处分甚至下岗判刑。在家长和学生角度看好像赢了这场纠纷，但长此以往则严重挫伤教师积极性和教师在学生中的敬畏之心，造成教师们谈"罚"色变，迫不得已对学生违规违纪行为处以"不作为"态度，叛逆期学生于是获得助长空间，变本加厉，越发走向了歧途。

少年强则国强，少年智则国智。同理，少年进步，则国进步。师生关系处于矛盾中，学生谈何"进步"？作为校长要懂得如何调和师生关系，并从根本上解决教师惩戒权带来的问题，相应提出对学生和教师有利的解决措施，这成为一个热点和重要问题。基于问题力求找到最佳措施加以改善。

二、　体罚改善措施

关键词解读 界定体罚

教师在日常的教育教学活动中，没有办法正确地判断和界定自己的行为是否已经属于体罚或变相体罚的范畴，由此陷入"不管——被大众谴责失职""管——被谴责体罚、变相体罚学生"的困境中，左右为难，严重影响到正常教学活动的展开。

锦囊妙解

自古以来，教师对学生开展惩戒活动的目标无一不是想引导学生走上正途，向着积极方向前进，因此建立教育问责机制、教育监督机制和适度地将救济机制引入到教育领域中来，既可以保障教学活动的顺利开展，又能达到体罚与变相体罚工作最初的目标意义成效，因此校长要负起责任、扮演好"中间人"和"管控者"两大角色，发挥好自己的作用，保护好低龄学生、监督好教师班子。以法律、法规和国家教育政策为准则，科学育人，民主执教，依法治校。

下面从五个方面谈谈解决体罚问题的措施。

1. 改革舒张有度，监管权责合一

学校做好表率，校长表明态度。学校在教师惩戒权的监督与落实工作中扮演重要的"中间人"和"把控者"角色，而校长又是学校的代表者和发言人，做好表率、表明态度的重任就落在了校长的肩上。那么校长如何施行措施？引导教师提高职业道德素养，在全校范围内组织相关法律法规学习、界定好教师教学活动过程中的行为准则，确保惩戒行为的界限和度，做到惩戒工作的展开"心中有数""手中有度"。开设压力舒缓心理发泄室、设置心理咨询部门，聘请专业教师和法律顾问，定期开展心理健康教育课程，鼓励教师弘扬师德风尚，以德育人，用爱教育。做到"两当、两适"，即"惩戒目的正当、程序正当；手段适宜、场所适宜"。

2. 规章不可或缺，以"法"管人管事

学校制定好师生双方必须遵守的惩戒规则规章，对于法律和社会未能给予明确定义和阐释的问题，学校综合考虑列入校规校纪之内并通过校方媒体公示公告，确保学生录取进校时通过学习，同意并自觉遵守学校纪律、承诺服从校方管理、违规违纪按照要求接受学校处置。惩戒权问题归根结底是由于对双方责任与义务展开的不明确，学校有责任引导建立完善的惩戒权规章，同时将侵权救济方面内容并重研究，设置更加行之有效的申诉方式以保护被侵权学生。

3. 责任落实到人，避免产生纠纷

校长组织开展家校联合会议、家校共育研讨会、家长会议等，提高家长在学生管理中的参与度。邀请家长代表成立家长委员会，由家长委员会承担学生的惩戒任务，也由家长委员会来掌握申诉权，学生出现问题，校方通知家长，惩戒方法由家长参与决定。

4. 普及法律知识，鼓励解决问题

学校要加强对学生法律知识的教育和培训，引导其明白学生在法律中拥有自我保护权利，同时也具备为自己行为和言论承担责任的义务，国家不因年龄小而无法、学校不因年龄小而无规，让学生切实明白责任的重要性，对自身的行为负责，对自己的言论负责，倡导和培养自律精神。

5. 校长做好"意见领袖"①

引导学生在遇到问题时想办法解决问题，而非将问题影响扩大。校内设立申诉部门，按期开放校长室，告知学生位置，让学生在学校遭遇问题时能够第一时间在学校找到校长，让学生明白遇事有"避难所""咨询处"，不必因为惧怕有失范的老师或"越轨行为"② 就对学校持以敌视态度。同时，让问题萌芽在学校、解决在学校，把师生矛盾引发的体罚现象扼杀在摇篮里。

---

① "意见领袖"即"KOL"（Key Opinion Leader），最初出现在现代管理学中，在教育领域中主要表现为拥有权威和知名度、幕前的责任人和发言者，为相关群体所信任和接受、拥有一定范围内的权威性和积极影响力。

② "越轨行为"是社会心理学、教育心理学中的特有名词，是指违反一定社会的行为准则、价值观念或道德规范的行为。通常表现为对权威人物的反抗，如出言不逊、爱发脾气、爱寻衅、执拗逞强、愤恨不满。与学校相关的表现，如违背学校管理条例收受贿赂、歧视和区别对待学生等。

第五章
执行文化

　　真实就是力量，领导就意味着行动。卢梭在《爱弥尔》中说："事情所表现的具体性后果，都是由某种看不到的力量所产生的；在我们听到枪声以前，子弹早已发射出去了；决定的事情乃完成于思想之中。"许多学校领导总是抱着"传承的影子"，走着得过且过的道路，这是对前人最好的回报吗？这是继承和发展吗？这是新时代的作为吗？不"破"何为"立"，要辩证地处理好这些关系。作为学校领导要牢记"求实"两字，只有工作更出色，才能产生巨大的影响力和教育力。坚守教育规律，用教育家精神办学，不唯上，不唯书，不唯俗。既要有开放心态，也要坚持传统经验与现代理念的整合。

　　学校要实现良性的发展，正确的目标和有效的执行力缺一不可，许多学校虽然有好的战略、愿景，却因缺少执行力，最终导致平庸。如果你看重谁，要发展谁，就严格要求谁。如果你认为哪个团队专业素养非常好，你就要严格要求哪个团队，更加要专业化。只有这样，我们才能建立起一个执行力强的人文学校。在大多数情况下，学校与学校之间的差别就在于执行力，作为学校领导者亟待重新审视好角色定位，改变过去的"策略上的巨人，执行上的矮人"的角色定位，增强自身和学校的执行力。

第一节
如何形成学校的"执行文化"

如何形成学校的"执行文化"

三个步骤
搭配原理

一、搭班子的艺术和学习共同体的建构

校长应成为学校执行力培育和提升的
　　倡导者与实践者
全力提高中层管理人员的执行力
用好的治理制度和治理机制带来好
　　的执行力

二、执行力的培育和提升

制定规划
执行策略
核心要素

三、工作效率的提高

责任感
自信心
创新力

四、责任感、自信心和创新力的提升

没有目标的路，不能叫路。因此，只能暂时走一条从众的路、无奈的路、探底的路、练步的路、暖身的路。然后，思虑定当，开辟新路。

无论是否有明确的理论，变革总是要进行的，我们可以完善其发端和结果，因此我们就可能有这样一些选择：做一个创造者，做一个旁观者，或者做一个糊涂虫。学校要形成"执行文化"，要处理好策略与执行的关系，灵活地执行既定的政策。要有效运用执行的步骤，查明执行差的原因，运用好的策略，促使教职员工保持良好的工作效率。刺激教职员工的学习欲望，培养他们的自信心和创新力，提升其责任感和使命感。对于执行的尺度、速度和力度要把握好，才能创建一个有战斗力的学习型的共同体。

一、 搭班子的艺术和学习共同体的建构

关键词解读 ▶ 班子　学习共同体

班子：很多学校的问题出在中层行政团队的搭配上，所以学校的班子搭建、班子成员是否具有教育智慧和管理才能，对于学校的执行文化和学校的整体发展至关重要。一旦班子搭建好，各行政人员要学会欣赏，要站在学校立场去决策，并以平常心去看待分歧和冲突。调查发现，大凡业绩平平、不断出现问题的学校，最重要的原因就在于行政班子建设的问题，行政班子内部矛盾重重，极大阻碍了学校的发展。

学习共同体：学习共同体就是为完成真实任务、问题，学习者与他人相互依赖、探究、交流和写作的一种学习方式。学习共同体是以学习活动为载体，知识建构为目标，给学习者提供参与多层次社会交互的机会。不同水平、不同层次的学习者从不同角度共同对知识进行理解、争论和评价，分享彼此观点，形成共同体的共性知识，从而确立学习者在学习共同体中的归宿感和认同感。还有学者认为，学习共同体是指由具有共同信念、共同目标的学习者及其助学者（包括教师、专家、辅导者等）共同构成的团体。

锦囊妙解

学校到底需要什么样的行政班子？应该如何搭配才有效？这都是值得我们认真思考的问题。行政管理团队，是由校长授权负责学校各方面事务，即各部门的治理的团队，这些任务对学校行政人员的能力和风格提出了不同的要求，有的需要智商高，有的需要情商高，有的需要创新，有的需要踏实做事。但是，人无完人，每个人都有自己擅长的领域，也有自己的弱点，要想顺利完成各部门任务，就需要不同类型的行政成员进行合理搭配，行政团队

的搭配很有学问，原则上要求不同风格和能力互补。管理大师彼得·德鲁克说过，管理的任务至少需要四种不同的人：思考型的人、行动型的人、能与人相处的人、代表型的人。[①]

因此在建立行政服务团队时，要有意识地给一把手配备好副手。开明的、有驾驭能力的一把手，会主动寻求有可能和自己"唱反调"的副手，同时也要鼓励中层行政人员善于面对和处理治理中可能发生的冲突。

下面从搭建行政管理团队的"三个步骤"和"搭配原理"两个方面谈一谈。

1. 三个步骤

搭建行政管理团队是一件讲究艺术和顺序的工作。第一个步骤，确认候选人的能力即胜任力是否符合岗位的要求，一般来说，学校在搭班子时，会首先考虑候选人的经历与中层行政服务岗位的匹配性，具备相关能力与经验的人作为首选，但具备这项条件者一般人数较多。第二个步骤，评估候选人的心理特征，明确所需中层行政服务人员的类型。第三个步骤，评估候选人风格类型，做出录用决策，再经专家综合测试，民主评议，最后公示任命。

2. 搭配原理

中层行政团队搭配暗含着一个假设：人无完人，用人之长。每个人都有自己的缺点，在搭建团队时，要寻找具有某种长处的人，而不是寻找没有什么缺点的人。有的学校在搭建中层班子时，仅仅从年龄、性别、学历、职业专长等"硬件"方面考虑互补，这会存在很大的局限性。因为，就年龄来说，年长者未必保守，年轻者未必敢闯敢干。就性别来说，同为女性管理者，有温和的，也有严厉的。所以，行政团队的互补性不限于"硬件"的互补，主要是行为风格和能力特长的互补。最困难的是老学校，原来的行政成员中的"老油条"无心工作怎么办？加强好沟通，大部分都是可以沟通到位的，给他们待遇，安排其他岗位，做些力所能及的事务，正常安排上课，只要我们是为了工作，坚持原则，都是可以理解和得到支持的。

学校是一个学习型组织，是以先进的办学理念为指导，为实现共同愿景而促进全体师生学习、思考和行动，并不断完善与超越自我的学习型团队。陶行知先生说"学高为师，身正为范"，作为一名教师不仅要有丰富的文化

[①]　杨朝，孙金枝. 当前形势下的教师惩戒权［J］. 河北教育（综合版），2007（1）：16–18.

知识，更要有良好的人格修养和精神内涵，优秀的教师应具备很强的教学能力和高尚的品德。教师除了学问上有成就，还要做到为人师表，身正方能为范。身正就是诚实守信，言语文明，仪表大方，态度温和可亲，教态自如。作为一名教师，一名传播人类文明的使者，就应该从思想素质到生活素质、从言语到行动、从外表到内心都做到拥有一个教师应有的文明风度和良好风貌，确确实实做一个学高身正的教师。而如果一所学校，能够构建一个良好的学习共同体，让这个共同体里的每一位教师都充分展现其教师魅力，实现其人生价值，不难想象，这将是一所怎样的优秀学校。那么如何构建学习共同体，使教育教学工作达到良好的执行力度和效果？可以从"共同的学校发展愿景""发展性的教师评价""反思性的教育分享交流"三个方面谈谈学习共同体建构的策略。

（1）共同的学校发展愿景。第一，课程的整合性。在课程建设方面，需要着重探索学科综合化的有效途径，跨越学科的鸿沟，加强学科之间的统整，淡化教师学科本位的思想，使不同学科的内容相得益彰，实现教学内容与形式的开放性。第二，时间的弹性化。采取弹性的时间划分，让时间服务于教学实际。根据学生的年龄特点和学习内容灵活而弹性地安排课时。如社团活动课程的学习、综合实践活动课程等。第三，人员的合作性。一方面倡导教师之间的合作研究和协同指导，以及校内教师与社区人员的合作学习与指导，实现多元共治，优势互补。另一方面，提倡学生之间的合作探究，包括同学段、同年龄和跨年段、跨年龄学生之间的合作探究活动。第四，治理的开放性。首先是对内的开放，在学校治理上实行扁平式的治理方式，把更多的管理权限和空间下放给年级组与教研组，实施年级组长负责制。其次是对外的开放，建立学区共享、校际联盟与家长委员会，利用一切有利于学校发展的社会因素，将各种教育力量整合为教育的合力。

（2）发展性的教师评价。发展性教师评价倡导把评价的结果以科学、恰当、建设性的方式反馈给被评价的教师，使其能最大限度地接受，使之建立起对自身更为客观、全面的认识，分析和解决存在的问题，明确进一步的发展方向，不断提高自身的教育教学水平。

（3）反思性的教育分享交流。第一，教师个人的自我反思。反思的行为，首先应该是教师自我对教育教学现象的深入反省、思考和探索，每一节课都会有成功之处。比如在教学中达到了预设的教学目标，偶发事件得到了巧妙解决，课堂上出现了不曾预期的精彩等，这些珍贵瞬间俯拾皆是，组成教育的精华。当然，在教学中也常常会有遗憾，教师要直面这些遗憾，及时记录、剖析，使之成为教育教学的前车之鉴，这也是教育的一笔财富。第二，教师群体的反思交流。在教师个人反思的基础上，在教师团体中开展群体反思交流与经验分享，使教师个人的智慧转化成集体智慧，实现共享共进，提高团队的反思能力和育人水平。第三，立体交叉的教研活动。建立校内多样化的教科研制度，包括同学段、同学科的教科研制度和跨学年、跨学科的教科研制度。以这些方式进行集体备课、互动交流、开展教研活动，有利于教师对教育教学规律的整体把握。这样，加强了各学科、学段之间的彼此了解和整合，同时又通过交流与对话，让团队成员正视自己的思维"死角"，跨越学科的界限，学会欣赏不同的意见，达到更高层次的共识。

二、 执行力的培育和提升

关键词解读 执行力

"执行""执行力"成为现代学校治理当中越来越重要的词汇。"如果不能被付诸实施的话，再周密的计划也是没有价值的"[1]；"治理学校最大的拦路虎就是没有执行力"[2]；"没有执行力，就没有竞争力"。可以说，越来越多的校长在研究执行力，也在想方设法打造和提升自己、提升中层班子、提升教师的执行力。因为大家都认识到，执行力是决定学校发展的一个重要因素，也是学校核心竞争力形成的关键因素。在新课程改革的进程中，一所学校团队的执行力如何，将决定学校的兴衰。学校执行力，是指学校的校长、中层团队、各个教职员工贯彻执行全体共同制定的战略决策、方针政策、制度措施、方案计划和实现学校办学战略目标的能力。执行力更是连接学校的办学理念与目标实现之间的桥梁，其强弱程度将直接决定着学校的办学目标能否得以顺利实现，缺少强大的执行力，学校的核心战略目标将是无本之木、无源之水。

锦囊妙解

执行的道理一定是简单的，凡是复杂的道理，注定不可能执行。

下面从"校长自身""中层管理人员""执行制度"这几个方面谈谈执行力在学校的有效实施和推进。

1. 校长应成为学校执行力培育和提升的倡导者与实践者

第一，校长要正确认识和处理共同愿景、办学规划、执行力三者的关

---

[1][2]　马利克. 管理成就生活 [M]. 李亚，等译. 北京：机械工业出版社，2009.

系。共同愿景是指能鼓舞学校教职员工共同努力的愿望和远景，包括共同目标、共同价值观和使命感，它在本质上激发全校教职员工的工作热情，并为大家指引方向和汇集力量。目标是把人们凝聚在一起的重要基础，对目标认同和达成共识，才会形成坚强的组织和团队，才能鼓舞人们团结和奋进。好的愿景如果不能转化为好的办学规划，它就只能成为宣传口号。同样，再好的办学规划，没有优秀而强大的执行力，最终也是一句空话。执行力是一切有效规划的关键构成要素。强大的执行力来自校长自身对学校的坚强领导和对学校稳步发展的不懈追求。校长是学校的核心，一个富有魅力和威望的学校领导者，自然会把全体教职员工紧紧团结在自己的周围。反之，就会人心涣散，更谈不上有团队精神。这种威望，一是取决于校领导的人格、品德和思想修养；二是取决于校领导的知识、经验、胆略、才干和能力状况；三是取决于校领导是否严于律己、率先垂范、以身作则，能否全身心地投入教育事业；四是取决于校领导能否公平、公正待人，与教职员工同甘共苦、同舟共济，等等。

第二，有效的执行需要校长亲力亲为。学校执行力的培育和提升是需要校长亲力亲为的系统工程，在校长的亲自倡导和积极参与下，执行力文化才有可能成为学校的基因，贯穿于学校发展的方方面面。任何一种优秀的办学规划都需要校长以执行者的踏实心态，结合自身的办学资源、办学能力和优势来确定切实可行的行动安排。

第三，校长要不断提升自身的执行力。如何提升呢？需要做好以下三件事情：一是了解学校和教职员工，建立与员工沟通的主渠道，虚心求教于教职员工，让教职员工说真话，要敞开胸怀倾听大家的意见；二是提高教职员工的执行能力和素质，使教师们迅速成长和进步；三是了解自己，正确认识自我，培养坚强的性格，树立坚定的信念，提高自己的情商，赢得全校师生的认同和尊重。

2. 全力提高中层管理人员的执行力

学校中层管理队伍是贯彻执行学校办学规划的中坚力量，其执行力举足轻重。要提高中层管理人员的执行力，就应该有意识地提高以下六项能力：第一，领悟能力。中层管理人员传达和执行校长的各项决策，本身也是对信息进行解码再传递的过程。因而，中层管理人员对校长领导决策的领悟是否到位就显得十分重要。这就要求中层管理人员在执行战略决策之前，要首先领会其精神实质、意图和目标。第二，计划能力。执行任何任务都要制订计划，中层管理人员要善于把各项任务按照轻重缓急列出计划表，然后分步执行。在计划的实施和检查过程中，要抓住关键性问题，实现重点突破。第三，指挥能力。计划的落实和执行，离不开有效的组织指挥工作，中层管理人员要不断提高指挥能力和指挥艺术，要正确地分配工作，激发教职员工的积极性、责任感和使命感，形成能打硬仗和善打硬仗的教师团队。第四，控制能力。控制就是追踪考核，确保目标达到，计划落实。中层管理人员也是计划进展的控制者，要注意控制的力度与教师的能力、责任心、积极性之间的关系，实行有效控制，使控制成为督促教师提升执行力的保证。第五，协调能力。任务的完成除了制订完善的计划、下达适当的安排、采取必要的控制外，还需要中层管理人员进行大量的协调。协调不好会影响计划的执行和完成，甚至还会使教师们在完成工作任务的过程中形成抵触情绪。第六，授权能力。中层管理人员在安排任务的过程中，要把教师看作延伸自己智力和体力的载体，要激励教师干事业的责任心和成就感，提高执行力。

3. 用好的治理制度和治理机制带来好的执行力

建立与人本治理相适应的一整套科学制度，使治理工作和人的行为制度化、规范化、程序化，是学校教育教学活动协调、有序、高效运行的重要保障。学校要在治理模式和治理机制上下功夫，要夯实制度治理的基础，要有一定的制度保障。因为全体教职员工需要一个开放、透明的治理制度，需要建立一个顺畅的内部沟通渠道，更重要的是要形成规范的、有章可循的"以制度管人，而非人管人"的治理机制，增加内部治理的公平性。在学校持续发展阶段缺少行之有效、民主平等、贯彻始终的制度治理是可怕的，它会导致治理流程混乱。因此，学校应该明确各项责、权，从而提高治理的效率和治理的执行力。制度制定后并不等于达到了治理的目的，关键是通过制度实现有序治理，使治理有法可依，并在治理过程中不断完善相关的制度。在这样的前提下，教职员工会严格遵守制度，保质、保量地完成工作指标，从而提升学校的执行力。

三、 工作效率的提高

关键词解读 工作效率

凡做事迅速有三大要义，即"决断快、行动快、解决快"，三者缺一不可。在国外有关"提高工作效率"的概念中，生产效率包括三方面内容：一是效率；二是效果；三是效益。它们有不同的内涵，它们之间的关系不是等价的，如效率高并不一定说明效果好、效益好，效率属于治理的范畴；而效果和效益，两者加起来称为效能，效能就属于运营的范畴。效能＝目标×效率。说明用更少的人带来了较高的组织效能，也就是说：目标、方向正确，再提高工作效率，就会出现效能。

锦囊妙解

在现实生活中，我们往往是按照行动思维做事的，比如，我们买了一台电视机，会不会打开说明书看完之后再去看电视？通常不会。我们往往是插上电以后先按了再说，按了不行再去看说明书，这就叫行动思维。又比如我们请人吃饭，我们不需要开个会讨论，到哪儿去吃饭？吃什么菜？把菜谱讨论好了再去。所以，做任何事情一定要有"法"，而且"得法"。作为一所学校的校长，要掌握一些"法"，才能有助于学校教职员工提高工作效率，产生高效能。

下面从"制定规划""执行策略""核心要素"三个方面来谈谈如何提高工作效率。

1. 制定规划

规划是学校管理的目标方向，制定高效能的规划，目标正确、方向对头，才能提高工作效率。作为校长，制定高效能工作规划的原则和指导思想是：第一，排除"左"和"右"的错误思想干扰。第二，体现教育效益和社会效益。第三，既要解放思想，又要实事求是。第四，必须全面规划、突出重点。要想方设法提高教职员工的工作动机，从而让教师的工作效率达到最高点。

在明确制定规划的原则和指导思想以后，还应讲求制定规划步骤。制定规划的步骤大体分为以下几步：第一，写出制定规划的背景材料。第二，根据上一级系统给定的任务来确定总目标、价值准则，主攻方向、结构比例和协作方针。第三，由专家来进行论证。当规划的目标、价值准则、发展方向、结构比例和协作方针选定后，就可请专家进行科学的论证。第四，制定相关规划，保证总规划的实现。为了保证总规划实现，必须在总规划里，配备有关细节的规划。如德育发展规划、学生发展规划、教师发展规划等。在目标、方向正确的前提下才能提高工作效率。

2. 执行策略

工作效率的提升来源于正确的策略。过程的意义在于把事情做正确，策略决策的意义在于做正确的事情。显然策略正确与否至关重要，因此需要设计合理的流程，让策略更加适合于执行。好的策略应与执行相匹配，只有在执行中才能及时、准确地发现策略目标能否实现，从而能够及时依据执行状况调整策略，这样的策略才可以有效达成目标，有效执行策略有以下七个步骤：一是量化愿景。宏大的愿景，经常会压得人喘不过气来，这个时候宜重新思考学校处境，找出该做的事。二是用口号传达策略。策略本身是复杂的，但是学校要用简单直接的口号，传达策略的精髓，将策略融入教师的生活，要清楚地让大家知道策略的目标。三是规划结果。学校一般会利用管理工具来衡量重要指标，作为警示之用。四是规划不做的事。阻碍策略成功的重要因素是，教职员工认为新策略是额外的工作。五是开放策略。过去策略都只掌握在管理者手里，开放策略让教职员工明白，什么工作才符合策略需要。六是状况与进度的自动化管理。学校行政平均花在掌控工作进度的时间约为65%，实际上这些宝贵的时间应该花在重要决策上。七是建立执行与策略之间的良性循环。策划管理就是管理策略执行的程序，包含内部与外部资讯的结合。

3. 核心要素

高效工作有三个核心要素。

第一个要素是快乐。工作者自己乐于工作，并从中得到成就感和幸福感。悲观的人是不会成功的，在任何环境中，人都要怀有一颗乐观的心，悲观的人看到的总是事物令人失望的一面、阴暗的一面、困难的一面，而看不到给人希望的一面、光明的一面和容易的一面。用悲观的心情去工作，压力会压垮工作。用快乐的心情去工作，会放大一丝一毫的光亮，温暖空乏的心灵，让光明逐渐渗透，直至照亮事业的前程。快乐是一种情商，是一个人事业成功的重要因素。

第二个要素是激情。激情是应对挫折的良药。任何工作都不会一帆风顺，人都会遇到大大小小、许许多多的挫折与失败，这是很正常的事，而且挫折与失败某种意义上是人生的财富。但是如果缺乏激情，遇到挫折就会产生畏难情绪，就会退缩，就不会等到"明天很美好"的到来。充满激情的人，应该拥有教育的"四度"情怀：一是心中"装有向度"。就是要有方向，要时刻明确目标及基础教育的方向，是关注学生的快乐还是关注学生的幸福？是关注学生的成绩还是关注学生可持续发展的底子和后劲？是关注学生成人化的程度还是关注学生童心、童真和童趣？如果方向弄偏了，目标弄错了，基础教育的后果就不堪设想。用这种目标去激励自己，去照亮前方的道路。二是眼睛要"盯着长度"。就是要考虑到孩子接受基础教育以后，还要接受什么教育，为了接受其他的教育，眼下的教育怎么办？如果今天我们搞大剂量的训练，不仅损伤了学生的胃口，而且使学生失去了对教育、对未来、对生活的向往和憧憬。三是手里要"握着广度"。现在有人在德、智、体、美、劳五育之后，又加上了心理、环境、军事、法制、理财等很多教育。教育的广度到底有多大？作为教育者，要以综合的态度和有机的方式来加工和整合。四是用鼻子"嗅着深度"。外国人说，中国的基础教育内容太深了；中国人说，外国的基础教育内容太浅了。基础教育的教材，应该是简单的、明快的、自然的、感性的，可是有的地方或有的教师搞得过于复杂，小孩明明好懂能懂的东西，被讲得玄而又玄。

第三个要素是分享。任何一项事业的成功，都包含了太多的酸、甜、苦、辣，都有太多值得分享的经验与教训。因此，与教师、与同事共同分享，也是另外一种成长的方式。分享的第一层含义是分享经验。失败的教训也会给我们很多启示，也需要进行分享。分享的第二层含义是分享果实。学校强调以人为本，学校的成绩要多与教职员工分享，这是团队取得的成果，这种分享更是一种成就和激励。

四、 责任感、自信心和创新力的提升

关键词解读 责任感　自信心　创新力

责任感：责任感是人对某一具体事物的积极关注和心力的投入，它往往外化为对某一负担或对某一任务的积极行为。责任感不仅是一种心理品格、道德素养和能力要素，也是推动人们工作的强大动力。人的成功与性格、心胸、知识素质，甚至民族、种族都没有必然的联系，在他们身上，只有一点是共同的，那就是对自己深深的责任感。

自信心：自信心是任何一个具备良好素质的教职员工不可或缺的，也是说明一个人创造能力高低的重要因素。自信心的提高，会使一个人对自我的把握能力加大，这种自我把握能力是一个人对自己准确评估预见的能力，它会在人的内心产生一种能动的力量，促使个人的完善和发展。

创新力："创新之父"熊彼特认为，创新就是"建立一种新的生产函数"①。管理大师彼得·德鲁克则指出："创新的行动就是赋予资源以创造财

① 邹移生. 对熊彼特创新理论的解读［J］. 现代企业教育，2008（24）：169－170.

富的新能力。事实上，创新创造出新资源……凡是能改变已有资源的财富创新潜力的行为，就是创新。"因此，学校创新力就是学校在教育大环境下将学校的要素进行有效的内在变革，从而提高其内在素质、驱动学校获得更多的办学水平的能力。学校创新能力的提升是学校竞争力提高的标志。创新能力的高低，直接关系到一所学校竞争力的强弱。创新能力强的学校，其竞争力也强。

锦囊妙解

一所学校的校长，要提升全校教职员工的执行力度，必然要从"责任感""自信心""创新力"这三个方面去着手。

下面进行一一解析。

1．责任感

俗话说："一个人是一条龙，三个人是一条虫。"从"龙"变成"虫"，背后就是每个人都去耍了小聪明。耍小聪明的结果是把大聪明丢掉。所以执行只与勤奋有关、与责任有关、与用心有关，而与聪明无关。中国足球界为什么会出现"百花齐放"？赌球、办公司、开饭店……五花八门，唯独球技与职业精神这两朵最需要培育的花蕾，却凋谢了。中国足球队的前教练米卢，提出这么一句著名的话，"态度决定一切"。态度就是责任感，教师的责任感越强，执行力越强，工作效率就会越高。那么如何才能提高教师的责任感呢？

第一，明确目标。教师的责任感，常常与学校领导有没有给他们提出具体目标要求有关。因此在各部门内部应该明确，哪些事情由校长亲自去做，哪些事情则必须由行政人员或教师去做。

第二，岗位轮换。对一项工作做久了，难免会产生厌烦情绪，或者由于工作轻车熟路，对工作的问题容易掉以轻心，或是觉得自己水平较高，便产生自满情绪，不再深入钻研等。对此可以采用岗位轮换制度，采用此法必须注意三点：一是新的岗位和任务要适合中层行政人员的特点，要充分发挥其长处。二是轮岗不宜过于频繁。单纯为了提高责任心频繁变动岗位，则会让下属感到无所适从。三是把轮岗与目标有机结合起来。

第三，竞争上岗。运用竞争上岗的方法，能充分发掘教职员工的潜能，激发教职员工的责任感，现在许多学校对中层行政纷纷采取竞争上岗的做法，取得了很好的效果，这就是一个明证。但采用竞争法，特别值得注意的是，要做到公平、公正、公开，这样才能真正达到提高责任感的目的。

第四，认真评价。学校领导对教职员工的工作有着法定的监督、控制、指导等权力。对教职员工工作进行评价，是推动工作前进的一种重要方式。使用评价方法要注意三点：一要真心诚意，动之以情。二要准确及时。三要讲究方法，要因人而异，注意分寸、场合和语气。

第五，率先垂范。"其身正，不令而行。其身不正，虽令不从。"因此，学校领导者自己首先做到有责任感。其率先垂范应注意：要做个有责任感的人，不要光说不做，而要以身作则，要求教师办到，自己要首先能办到；要善于现身说法，用自己的亲身体会加强对教职员工责任感的教育，提高教职员工对责任感意义的认识；对过失要敢于承担责任，对自己的过失不敢承担责任的人，不但会让教职员工失望，而且会失去威信，将责任推给教职员工，教职员工同样会将责任推卸给其他的人。

第六，施加压力。施加压力有两层含义：一是对需负较大责任的任务，要敢于给行政压担子，要充分相信行政能够把事情干好，担子挑起来。二是应鼓励行政对其独立行为产生的结果敢做敢当，要善于抓工作的点滴情况，无论结果是好是坏，只要是行政的独立行为，就要鼓励行政勇于承担责任。

2. 自信心

要做一名优秀的校领导，就要学会调动教职员工的自信心和创造力，让他们在自信的气氛中创造性地工作，快乐地生活。在培养教职员工的自信心，要注意一个最大的阻碍因素，就是教职员工的自卑感。自卑感是在与他人比较的情况下产生的，对凡事都不关心或者缺乏竞争观念的人，根本就不会有自卑感。因此，学校领导要指导教职员工克服自卑心理，树立自信心，我们需要从以下几个方面去施行：第一，使其早日适应工作与团体组织。如果无法适应，就无法产生自信，这一点对新进教工尤为重要。第二，培训他们从事较高水准的工作。完成高水准的工作后，在兴奋之余就会产生自信心。第三，培训他们掌握自己解决问题的方法。只有依靠自己的力量解决问题，才能产生信心。第四，给予他们较高的目标，让其独立完成，若成功，必定会信心大增。第五，称赞表扬他们。当人受到称赞表扬时，就会产生信心。当然，这种称赞表扬，应当是切合实际的称赞表扬，否则会引起相反的效果，需说明一点，一个人如果过于自信，就容易变成自负，个人应该了解自己实力在何种程度。

3. 创新力

教职员工有了自信心，再培养他们的创新力就相对简单多了。有意识地培养他们的创新力，是学校领导者成本低、见效高的选择。现在就好好思考一下，我们是否为教职员工做到了以下工作。

第一，给予员工一个创新的空间。常言道："巧妇难为无米之炊。"一个再有能力的人，如果被一些条件所束缚，那么也只能是无能为力。所以仔细分析来自教职员工的意见，对一些规矩加以变通，减少条款细节，不要过于墨守成规，正所谓"海阔凭鱼跃，天高任鸟飞"。

第二，鼓励逆向思维。有一个商人对他的来访者问道："如果你知道很宽的河的对岸埋有金矿，你会怎么办？""当然是去开发金矿。"来人不加思索地回答。商人听后笑着说："如果是我，一定修建一座大桥，在桥头设立关卡收费。"倾听者这才如梦初醒，商人的高明之处就是在于它采取了与正常人相反的思维方式，出奇制胜。正是由于大多数人都习惯于正向思维，才促使逆向思维者容易得到机会获胜。

第三，鼓励教职员工幻想。人们常说：有幻想的人不一定成功，但成功的人一定有幻想。因为只有这样，他才会有目标去追求，而那些整日碌碌无为只求温饱的人，绝不会去幻想，他们甚至缺少幻想的勇气。

第四，鼓励教职员工多了解各个学科的知识。打好基础，开阔眼界。创新力是一种能力，创新者胜。它在生活中表现为瞬间的思想火花，但这种灵感的产生并不是偶然的，当一个学识广博的人，被一个问题所困扰时，他往往会尝试运用他所掌握的其他学科的知识来解决问题，这就是一种创新力。创新过程有三个阶段：第一阶段是发现问题，确立创新目标；第二阶段是选择创新的突破口，进行创新规划；第三阶段是创新实践。

第二节
如何提高教职员工的执行力

如何提高教职员工的执行力

关于多方位培养教师
关于激发教师参与培训

一、教师培训做到有的放矢

二、明确教师的角色与职责

教师的角色
教师的职责

授权考虑因素
授权构成要素
成功授权方法

三、用好授权

鞭策行政人员
引导行政工作坚持到底
协助行政人员完成工作任务

四、鼓励行政人员对工作持之以恒

一、 教师培训做到有的放矢

关键词解读 教师培训

树需栽培，人待培养。根索水而入土，叶追日而向天。人才培养是非常重要的事情，学校要发展，就要造就人，造就教师，方能造就学生，使他们成为真正的成长共同体，教师是兴校之本，只有先造就了自己，才能造就别人，"欲善人，先善己"。对教师的教育和培训，要真正树立一种"大人才观"，克服过去对人才的狭隘认识。要全面系统地针对老、中、青年教师形成培训规划，所以培养教师就要重视对教师岗位的培养，避免舍近求远，要提高教师的执行力，培训是必要的。除了要对教师进行必要的工作指导外，还要对他们进行多方位的培训，激发他们的兴趣，多利用工作实践案例进行培训，把提升教师的能力（教学设计能力、教学实施能力、班级管理与教育活动能力、反思与发展能力、沟通与合作能力、教育教学评价能力）、创新素质，作为学校发展的一项重要工程。学校领导要自觉地在工作中循循善诱、启发引导、言传身教，为教师才能施展、成长进步提供必要的环境和保障。要在教师困惑与遭受挫折时，及时给予支持与帮助。要防止教师骄傲自满，故步自封。允许和提倡他们犯"合理错误"，让他们在磕磕碰碰中成长进步。在职培训一定要根据自身发展状况，制订出切实可行的学习计划，因为只有根据学校校情培训出来的人才，才更适合学校的发展。

锦囊妙解

那么作为一所学校的校长，究竟要如何做到多方位地培养教师？又如何让教师满怀热情和激情地参与到教师培训中来？在这里做一下细致解析。

1. 关于多方位培养教师

第一，我们要注重人格培养。人格培养，是要经过千锤百炼的。真正的培训是培养一个人的人格。真正的教化是塑造一个人的人性，传授知识不能算是全部教化，知识的传授只是教化的第二个意义，给成长中的人知识，给他们兵器，这绝不是教化本身。教化的中心，第一，是培养一个人的人格，至于知识、技术之类，可说是教化的附属。第二，是要注重教师的精神教育和才气培养。对于教师精神和常识上的教育，是学校管理者的责任。要培养教师的向心力，让教师了解学校的办学理念、传统、使命和目标。第三，要培养教师的专业知识和正确的价值判断。没有足够的专业知识，就不能满足工作上的需要，也不能判断事物的正确价值。因此，建章立制，鼓励教职员工不断学习，相互学习。第四，是要培养教师细心的品质。细心体贴，看起来似乎是不足挂齿的小节，其实是教育教学过程中非常紧要的关键所在，春风化雨，润育于其中。第五，是要培养教师的竞争意识。无论从教、从政或其他的服务行业，人都会因为有比较而产生督促自己进步的力量。所以一定要有竞争意识，不断发挥潜力。第六，是要重视知识与人才相结合。知识是一种兵器，一种工具，这种兵器要碰到会使用的人才，才能发挥它的威力。不要被以往的知识所固化，不要只用头脑考虑，要决心在实践中去践行，在工作中充分运用这些知识。这样，学问和知识就汇聚成为巨大的力量。第七，在恶劣环境中促使成功。一个具有良好性格的人，能自我激励，也能克服困难，承担压力，并以积极的心态渡过难关。第八，授人以鱼与授人以渔。教育的内容主要是专业知识、技能、文化综合素质，以及共同的价值观、理念等，对一线教师主要是授人以"鱼"，对中层行政人员则是授人以"渔"，发挥好"教练"的职能，学校永续发展的原动力来源于教师的不断学习。

2. 关于激发教师参与培训

只要有兴趣，自然就能熟能生巧，如何激发教师参与学习培训的兴趣？可以从以下几个方面着手。

第一，从教师需求出发，发掘教师的兴趣。在培训的过程当中，尽可能以融洽的态度和语气与教师交谈；尽可能经由视觉的方式来表达意见；明确区分对方所知道与不知道的事物，对教师不知道或不清楚的事情，要多做说明解释；交谈的内容与相关联的事，都要做正确的说明，并给予受训教师一个正确的认识；尽量使学习者不断地产生"为什么"的疑问，然后再作详细的说明。

第二，目标、目的明显化。没有目标的行动，往往得不到结果，这是大家都有的共识。工作的目的正确与否，对人行动与目标的达成，有着很大的影响。所以，学校的目的，应该是让教师有百分之百的认识，是对教师的工作欲做催生和推动。

第三，学校培训应重视培训工作的系统性。学校培训要有一个完整的体系。比如，政策法规、教育教学、课程领导力、组织管理能力、决策能力、分析判断和解决问题的能力等。

第四，成功的经验能推动人的工作意愿。"失败是成功之母"，从失败中获取教训与经验，是走向成功的最佳途径。当然，从成功的体验中来增加工作经验、工作意愿，更能激发教师兴趣，产生自信心和推动力。

二、 明确教师的角色与职责

关键词解读 ▶ 教师

习近平总书记高度重视教师工作，反复强调"两个一百年"奋斗目标和中华民族伟大复兴中国梦的实现，归根到底靠人才、靠教育，"教师是立教之本、兴教之源"，要"把加强教师队伍建设作为基础工作来抓"。并着重厘清三个方面的观念，即强调教师于国于民的重要性，强调培育好教师的要求，强调切实加强教师队伍建设，形成重师育师尊师思想体系。习近平总书记指出，教师肩负"传播知识、传播思想、传播真理"和"塑造灵魂、塑造生命、塑造人"的使命。他反复强调，"教师是立教之本、兴教之源"，承担着"办好人民满意教育的重任"；教师是"学生成长的引导者"，承担着打造"中华民族'梦之队'"的重任；教师是"教育扶贫的先行者"，承担着"阻断贫困代际传递"的重任。习近平总书记还指出，做"好老师""要有理想信念""要有道德情操""要有扎实学识""要有仁爱之心"。坚持教书和育人相统一，坚持言传和身教相统一，坚持潜心问道和关注社会相统一，坚持学术自由和学术规范相统一。他又提出，我们的教师要做四个引路人：做学生锤炼品格的引路人，做学生学习知识的引路人，做学生创新思维的引路人，做学生奉献祖国的引路人。

锦囊妙解 ▶

教师的角色概括为：传道、授业、解惑。作为一个好教师，"应该是'经师'和'人师'的统一。既要精于'授业''解惑'，更要以'传道'为责任和使命"。

1．教师的角色

作为一名校长，如何帮助教师树立正确的角色意识，这里从"教员""管理者""学习伙伴""咨询者""课程评价者""公共关系专家"这五个方面进行详解。

（1）教师是教员。课堂教学居于教师工作的中心，这毋庸置疑。指导和帮助学生学习，是许多人当教师的动机。许多师范生没毕业就设想，到了课堂上能自如地担任教学角色。然而什么是真正好的教学？有些人认为好的教员能严格控制学生，站在讲台上向学生灌输知识，每周末都来一次难度大的测验。另一些人则认为，好的教员能和学生打成一片，鼓励学生自信。作为教师要思考采取什么样的教学方式是合理的。"为什么要用这种教学方式？""有没有更好的方法？"

（2）教师是管理者。教师负有管理的职责，要选择、制作教学材料，要组织教学时间，要布置教学环境，要安排各种活动等。许多教师常常抱怨，管理工作占用他们过多的时间。教师要花费时间给学生评分、写评语，这些工作可以回答家长或学校的询问。抓入学率、巩固率及升学率也成了教师的一项任务。教师所需要的管理技能，并无特殊之处。那些有助于提高工作效率的技能和流程，同样是教师需要的管理技能，并不会自然地形成，但只要肯花时间精通这方面的技能，就能省出更多的时间投入到教学活动中。

（3）教师是学习者的学习伙伴。改变以往的"教学"思路，化"教"为"导"。要知道在线课程中呈现的大量视频和文本信息，并不能自然而然地转化为学习者内在的理解，仅通过提供学习资源并不能解决根本问题。要让学生进行合作交流，并将他们的思考逐步导向深入，通过学习任务的设置和学习活动的组织，让学生"行动"起来，通过评价量规的呈现，为学生提供清晰的评价标准。总之，应通过各种有效手段，激发学生主动参与学习活动的热情，并对学生进行持续的关注、及时的信息反馈和鼓励性评价。营造出轻松、融洽、相互启发、秩序良好的学习氛围。

（4）教师是咨询者。在课前、课后、家中，教师常被学生家长询问，这是教师职业的一项特点，咨询具有随时性，通过咨询，教师常常获得有关这些学生个性、家庭背景方面的信息，这些信息可以提高教师工作的有效性。教师在咨询中要帮助学生形成积极的自我观念。青春期是一个生理和心理发生极大变化的时期。这个时期学生常有不确定感和自我怀疑的倾向。教师需要采取正面鼓励的态度，尽可能多地肯定学生的积极行为，不应对学生的消极行为评头品足。有些教师老想指出学生的缺点和弱点，以为这样才能使学生适应社会。其实对适应社会的最好准备，是使学生建立起相信自己能获得成功的信念。学生是多样的，无论哪一个教师，尽自己多大努力，也无法解决每个学生的问题，但这不意味着我们可以不去努力回答学生的问题，好教师常常在咨询方面表现得相当出色，出色的咨询常常会使教师形象永远留在学生的心中。

（5）教师是课程评价者。改变是教师的一种生活常态，在面对动态多变的生活中，不存在一种多年都不变的工作惯例。学生的心理会发展，大学里所学的知识会过时，教学方法会变旧，教材内容会更新。许多教师感到生活有乐趣，正因为这种在不断变化中的激励。教师需要通过自学、在职培训或正式学位课程进修，以跟上时代发展的步伐。教师工作的改进是以评价为前提的，这种评价包含一系列的过程，旨在确定学生是否达到了既定的课程目标，其中包括检查审定教学目标是否合适。教师用于评价教学方案的时间，很可能要比以前增多。当然，并不是所有教师都热心于课程评价，他们会对效果不错的教学方案再做修改，修改就意味着要做更多的工作。

（6）教师是公共关系专家。教师的活动受到家长的密切注意，对教师来说，与家长保持积极的交往或许是最重要的。教师要访问家长，家长也会拜访教师，需要相互增进了解。教师要付出相当多的时间，有时打电话，有时写便条，做好与家长的沟通。家长希望得到的不仅仅是孩子的成绩单，一些家长一接到电话或便条便感到孩子又出事了。近些年，教师改变了工作方式，把学生好的表现反馈给家长，打破了家长的疑虑，使家长对学校产生了好感。家长对教师持友善态度，就会对学校有积极的看法，就会支持教师的工作，从而使教师的工作更加愉快。

2. 教师的职责

顾炎武说："天下兴亡，匹夫有责。"讲的是做人的责任感，领导之道亦然。生命是自己的，想活得积极而有意义，就要勇敢地挑起生命的重任，没有人能领你走一辈子，只要不辜负每一个日子，每天就有新的收获，美好的生活就靠你自己去创造。对自己负责，是一项艰难又费时的挑战，要能了解自己，发掘自己，不断调整及修正已有的经验。那么，校长应该从"工作流程""工作角色""工作范围""督导工作"这四个方面引导好教师的职责意识。

（1）让行政人员或教师了解工作流程。要树立一种观念，行政人员或教师不管大事小事，凡事都问你，说明你是保姆，而不是领导。不当保姆，就必须让行政人员或教师学会独立做事，按照工作流程办事。教师做事有三种方式，第一是提出建议，主动做。第二是主动做，边做边汇报。第三是主动做，然后按程序汇报。所谓流程，就是事前做什么，事中做什么，事后做什么。流程是把说变成做的唯一有效通路。

（2）明确行政人员或教师的角色。行政人员或教师都是学校的一员，在平常的工作中，必须经常向他们灌输唇亡齿寒的道理。尽管如此，学校领导者对行政人员或教师的培养，并不是要求其言听计从，而是促使教师充分自觉地进入自己的角色，大力发挥其创造力与工作热忱。如果教师不能认清自己所扮演的角色、所承担的任务，就无法产生责任感，只会频频导致怠慢、疏忽错误、越权等行为，不平、不满的情绪也会时常产生。

（3）告知行政人员或教师应做的工作。对于经验不足的行政人员或教师，如果让其担任过于复杂的内容，就会造成混乱，在对他们说明其任务时，宜单纯明快。明确了他们的职责分工，就要帮助他们出类拔萃地完成任务。同时，对于完成任务的情况，要进行检查和指导，如果没有相应的监督手段，宁可不授权。

（4）督导检查行政人员或教师工作。第一，检查工作事先要有准备。检查工作是一件严肃而细致的事情，如果毫无准备，心中无数，就不要进行，应准备好了再说。要对工作性质有一个基本的了解，对倾向性问题心里有底，以便更有针对性。第二，检查工作要明确标准。没有标准，会让人感到无所遵循。要以原来制定的目标和计划为标准，但是又不能把这个标准看死了。它既是确定的，又是不确定的。第三，检查工作要有方法。做到跟踪检查和阶段检查相结合，跟踪是对实施情况进行检查，以便及时发现偏差，随时解决，并总结教训，以利于继续进行。做到由上而下检查同由下而上检查相结合，以达到沟通通畅，信息双向交流，有利于集思广益。做到学校行政班子的检查与学校领导检查相结合。第四，检查工作时不乱发议论。校长检查工作，当然要表明态度，提出意见，发表议论，但不能随意地、无所顾忌地、不负责任地乱发议论。这样不但会使自己被动，降低威信，而且会给教师造成思想压力，影响工作。第五，检查工作时要敢于表扬和批评。目的是更好地调动教师的积极性，激励他们做好工作。检查要坚持原则，不能含糊敷衍、模棱两可，要掌握分寸，但不能过头。第六，检查工作防止走马观花。从实际出发看问题，不能戴着有色眼镜先入为主、自以为是，只知其一、不知其二，只见树木、不见森林，走马观花、蜻蜓点水，知其然不知其所以然，这是检查工作的大忌，一定要注意防止和克服。第七，检查工作要切实解决问题。只看病不治病，只调查不解决，是一些检查工作时常犯的毛病。检查工作说到底就是要去发现问题、解决问题，把学校的各项事务有序推进。

三、 用好授权

关键词解读 授权

授权就是指上级委授给下属一定的权力，使下属在一定的监督之下，有相当的自主权和行动权。授权者对于被授权者有指挥和监督职权，被授权者对授权者负有报告及完成任务的责任。授权，是组织运作的关键，它是以人为对象，将完成某项工作所必需的权力授给部属人员。即主管将处理用人、用钱、做事、交涉、协调等决策权移转给部属，只授予权力，不可托付完成该项工作的必要责任，这是授权的绝对原则性。组织中的不同层级有不同的职权，权限则会在不同的层级间流动，因而产生授权的问题。授权是管理人的重要任务之一。有效的授权是一项重要的管理技巧。

锦囊妙解

如果你想要权力，那么你就凡事都压着行政人员或教师。如果你想要的是业绩和学校发展，就让他们超过你。干工作首先要有一个做事的态度，如何尽心尽责做好每一件事？温斯顿·丘吉尔说：唯尽善尽美者为上。① 所以恪尽职责是本分的象征。一个人做自己要做的事，应该有这样的态度，要么不做，要做就做到最好。

在这里从"授权考虑因素""授权构成要素""成功授权方法"三个方面来谈谈授权。

1. 授权考虑因素

授权不只是向中层行政人员、教师下达任务，还要考虑许多相关问题。第一是意义。意义是工作目的与价值，这要和个人的理想及标准联系起来。当工作要求与个人信念相符合时，这项工作便变得有意义了。第二是胜任。胜任是指个人相信他有能力出色完成某项特殊任务。有胜任感的教师相信在特定情况下，他们有能力满足某项工作要求，胜任感同样会让人产生被授权的感觉。第三是自我决策。自我决策是指个人觉得自己有权发动学校各类工作活动，尤其是当教师能够解决某个特殊问题时，自我决策就变得更为高级了。第四是影响。这指的是教师能左右工作的重大成果或结果的程度。第五是在考虑相关问题的同时，还要注意授权时要挑选那些接受过培训、掌握了技能、有天赋和动机的人。每位中层行政人员和教师都有被授权的天赋和渴望。只注重渴望而忽视天赋的授权，会造成不良后果。

学校行政团队在太阳面前只有两种选择：要么做大气层，把校长战略的大部分热量都折射和损耗掉；要么做放大镜，把太阳的光芒聚集到一点，把纸点燃。一个真正有成就的人，就必须要学会"聚焦"，就是一段时间只做一件事。所以对于行政人员来讲，是做大气层还是做放大镜？这是所有行政人员必须回答的首要问题。也要求行政人员找准位置，聚焦目标，超越期

---

① 李仙. 永不屈服！——温斯顿·丘吉尔逝世 50 周年人物素材解读及运用［J］. 求学，2015（19）：34－37.

望。不要做了司机，眼光和心境还是乘客。所以不要忽视被授权者的专业知识背景，选择合适的人予以授权，以确保任务的完成。

2. 授权构成要素

授权有三种基本的构成要素。

第一是工作指派。工作指派在授权过程中，向来受行政人员最多使用。行政人员在使用中常会出现两种错误：一是他们往往只让教师知道工作性质和工作范围，而未能让教师明确他所要求的工作绩效，很难实施奖优罚劣，这是治理的失误。二是有些授权应该由行政人员处理，但他们却把任务分配了下去，比如目标的确立、学校制度的研究与拟定，教师的年终考核与绩效奖罚等，不可谋求假手于他人。

第二是权力授予。授权是事业的成功之途，它使每个人感到受重视、被信任，进而使他们有责任心、有参与感，这样整个团体同心同德，人人都能发挥所长，学校才会有活力，事业方能蒸蒸日上。当然，授权并非一蹴可成，不能说一句"这件事就交给你了"就以为完成了授权。授权需要双方密切的合作，彼此态度诚恳、成熟、相互了解。在授权的时候，授权者必须有心理准备，要让接任者依他自己的方式处理事情，并且随时给予支持、扶助。为尽量减少工作中的个人因素，要使一切制度化，充分授权、分层负责，让各人有各人的职责，各人有各人的职权，各人对自己的工作负责。所以在指派工作的同时，校长应对行政授权履行工作所需要的权利。权力授予要适度，如果授予的权力不足以支持工作任务完成的权力，则指派的工作难以完成授权，因而丧失其意义。如果授予权力过度，超过了执行工作任务的实际需要，则势必导致行政滥用权力，授权带来的副作用太大，同样会导致授权失败。充分授权并非不闻不问，授权就是让行政和教师有自主权、有责任感，并获得尊重与肯定，便于处理具体的事务，但并不是学校领导不用去理会，在不干涉的基础上，需要多一些关心和关注，不然就失去了授权的真义。

第三是责任创造。校长在进行工作指派和权力授予后，仍然对行政所履行的工作绩效负有全部责任，这是管理上所谓的"授权不授责"的原理。我们常常发现自己因工作忙得焦头烂额，恨不得自己一天有 48 小时可用，或者常常觉得需要行政人员的帮忙，但是又担心他们做不好，以致最后把事情都往自己身上揽，那么解决这些问题的答案可能就是要授权，要放手让学校行政人员去干，锻炼他们在没有任何指示、资源的情况下，能独当一面，承担大任。所以要充分尊重行政人员的个人人格，信任他们，勿过于保护，要消除行政人员的依赖和自卑，正确指导行政人员工作。

3. 成功授权方法

究竟如何成功授权？这也是有方法的。作为一个校长，要成功授权，必须做好以下几个方面。

第一，完整计划授权。学校领导必须先评估自己的工作内容和职责之间的关系，做好时间管理，根据事情的重要性，风险度及紧迫性的高低分类，决定哪些工作可以分配给行政人员或教师完成。不要将授权与"只想丢出不想做的工作"混为一谈，如果校长授权行政人员或教师，是因为行政人员比自己更有能力完成任务，或者可以节省自己的工作时间，那么授权就没有问题。研究表明，当行政人员拥有具有挑战性和多元性的工作时，他的工作士气就会提高。要知道行政人员和教师是学校领导的工作伙伴，如果教师发现学校领导只是想占他们的便宜，教师的工作士气便会降低。

第二，谨慎选择授权对象。"因事设人，视能授权"，千万不能"因人设事、以功授权"。授权的任务必须和行政人员或教师的特质相符。要把任务分配给最适合的人，必须对所有人的能力以及他们对工作内容的好恶有所了解，才能选出具有能力及愿意出色完成任务的行政人员或教师。

第三，充分解释授权内容及所授事项。让行政人员或教师有学习机会，在工作中犯错在所难免，要细心教导行政人员或教师，校长要确定行政人员了解授权的内容、任务以及在学校中所扮演的角色，并警示他们可能会面对的问题，说明好授权原因和预期的效果。有时成功授权所需的时间和精力不亚于亲自执行。

第四，因地制宜确定授权内容和幅度，不可越级授权。学校领导在授权时，必须因时、因事、因地、因境、因条件不同而确定授权的方法、权限大小、内容等。

第五，做到真正授权，授权要适度。每位行政人员或教师都期望得到校长的赏识，授予教师权力和授予责任一样重要。校长应该相信教师能够做出正确的决定，给予教师完成任务所需的弹性和自由，不要处处插手，抓住工作的关键，放手让属下去做。

第六，定时追踪进度，相互信赖。成功的授权并非交代完便结束，校长要定时追踪其进度，给予他们应得的赞赏与具有建设性的回馈，并且传达关心之意，必要时提供协助和指导。

第七，及时进行检查监控，适当控制。为保证行政人员能及时完成任务，了解行政工作进程情况，学校领导必须对被授权者的工作不断进行检查，掌握工作进度信息，还需要求被授权者及时反馈工作进展情况，对偏离目标的行为要及时进行纠正。

在充分授权之后，学校领导还要进行有效的控制。经常采用的策略技巧一是命令追踪，二是有效的反馈，三是监督进度。在学校的管理中，无论采取何种权力下放形式，都要适度。绝对的、无限的上移就是家长制、专制和独裁，绝对的、无限的下移就是分散主义、极端民主化。所以集权要合理，分权要适度。要具有一定的模糊性、多变性和创造性，层级幅度要合理，根据实际，善于变通，坚持用人不疑，既要掌握适度和超脱，也要学会权利、责任平衡使用。

四、 鼓励行政人员对工作持之以恒

关键词解读 ▶ 持之以恒

这里的持之以恒不仅仅是指学校的行政管理人员和教师要对工作持之以恒，同样也指校长在鼓励行政人员和教师持之以恒的道路上，也要持之以恒。

锦囊妙解 ▶

先与大家分享两则小故事。先来看看第一个关于"孔子学琴"的故事。

孔子向襄子学琴艺，一连十天都弹同一首曲子。襄子让他换首曲子，孔子说："我还没有掌握弹琴的技法。"几次三番，孔子都以"没有弄懂曲子的情志、不知道作曲者的为人"为由继续弹奏同一首曲子。又过了一段时间，孔子终于说："我知道作曲者的为人了，他皮肤黝黑，个头高挑，目光远大，像个统治四方的王者，除了文王还有谁能这样呢！"襄子深拜孔子说："我老师曾说过这首琴曲是《文王操》。"所以孔子说："人而无恒，不可以作巫医。"本是孔子向襄子学琴艺，反倒变成了襄子深拜孔子，这一反转源自一个"恒"字。

在"至圣"孔子出生后80年，西方古希腊又一位影响世界的人物呱呱坠地，这个人就是哲学家、思想家、教育家苏格拉底。柏拉图是苏格拉底的爱徒之一，而且柏拉图后来的成就超过了自己的老师。说起这师徒二人，在他们之间有一段故事被世人传为佳话。一天，大哲学家苏格拉底对学生说："今天咱们只学一件最简单也是最容易做的事。每人把胳膊尽量往前甩。"说着，苏格拉底示范了一遍，然后继续说："从今天开始，每一天做300下，大家能做到吗？"学生们都笑了，这么简单的事，有什么做不到的！过了一个月，苏格拉底问学生们："每一天甩300下，哪些同学坚持了？"有90%

的同学骄傲地举起了手。又过了一个月，苏格拉底又问同学们，这次，坚持下来的学生只留下 80%。一年后，苏格拉底再一次问大家："请告诉我，最简单的甩手运动，还有哪几位同学坚持了？"这时，整个教室里，只有一人举起了手，这个学生就是之后成为古希腊另一位大哲学家的柏拉图。

这个小故事所蕴含的深刻含意是显而易见的。法国伟大的启蒙思想家布封说过：天才就是长期的坚持不懈。[①] 我国著名的数学家华罗庚也曾说：做学问，做研究工作，务必持之以恒。[②] 的确，我们干什么事，要取得成功，坚持不懈的毅力和持之以恒的精神都是必不可少的。古今中外，有多少这样的例子不胜枚举。孙膑四肢筋脉被挑断、膝盖被挖，然围魏救赵名扬天下；司马迁受宫刑、入牢狱之后而著旷世巨著《史记》；贝多芬双耳失聪而作《英雄交响曲》；霍金全身肌肉萎缩而著《时间简史》；凡·高断耳而画《向日葵》。司马光《资治通鉴》历时 19 年，班固《汉书》历时 20 年，李时珍《本草纲目》历时 27 年，王充 30 年写就《论衡》，顾炎武 30 年而作《日知录》，徐宏祖 34 年作《徐霞客游记》。这些历史名人给我们传承的精神力量，那就是明确目标，坚持不懈，终能成功！

作为校长，一定会有行政人员在工作中遇到困难想要放弃的时候，这时要从"鞭策""引导""协助"三方面入手，鼓励行政人员持之以恒、坚持到底。

1. 鞭策行政人员

在交代工作给行政人员时，完成工作任务乃是第一要求。在行政人员实施治理过程中，宜伺机就工作内容与行政能力做适当的复核，暗示其正确的方向与方法。借此，可防止行政人员中途受到挫折或过分拖延时间。为了让行政人员达到最终目的，必须指导行政人员主动自发地报告其工作进展。尤其是对不能有效推动工作的行政人员，必须强制其定期报告，再视情况予以适当支援，促成任务完成。行政的工作如果陷于停顿，或半途而废，往往与能力无关，极可能是心情不好，或士气低落引起。此时，充分运用赞赏、激励、暗示的做法，增加其自信，使其有信心对工作再度展开挑战。工作遇到障碍是无法避免的，唯有超越障碍，才有可能成长。但是中层碰到严重困难无法超越时，学校领导不妨代为除去障碍。这并非是保护行政人员，而是让行政人员享受完成工作的喜悦并增加自信心。站在长远的角度来看，是培养行政人员的重要手段。

---

① 王蒙. 集中时间和精力也是一种天才 [J]. 现代教育，2004（9）：1.
② 丁叶谦. 成功，在于坚持 [J]. 初中生世界：九年级，2015（12）：1.

2. 引导行政工作坚持到底

工作速度落后、效率不高的原因，多半是一时不振作。这和经验与实际无关，任何人都可能有陷入混乱的时候。所以出现问题，注意追究原因，协助其解决。解决方法：一是面谈。向行政人员说明其目前的状况，并听取其自觉症状、意见与感想。借助谈话，协助找出原因。二是休息。暂时不安排太重的工作，给予一段时间休息，再让其重新接受挑战。三是学习。在愉快的气氛中，重新施予基础的培训，让其恢复以前的状态。通过上述方法，协助除去产生恶劣影响的因素，使其回归正常状态。

3. 协助行政人员完成工作任务

在工作中，有时会发生取消行政人员执行某项工作的资格，转而由其他人接替的情况。这都是由于安排的工作未能按所期待的那样完成。"你已经尽了全力，但是还是无法完成工作，这对你来说工作或许太重，还是由××来做吧。"以学校整体来看，这种做法确实可以防止时间浪费，但是却让该行政人员丧失了信心，丧失了工作热情。所以，在行政人员遇到挫折时，或许是因为校领导的指示和建议有不当之处，此时必须再度深入考察行政人员以及周围情况，查出问题关键，超越障碍。可能的话，与行政人员一起讨论、商议，听听行政人员的说法，支持他们克服困难，坚持到底，以圆满完成工作。行政人员在此教诲下，可以积累难得的经验，并且能够领悟到工作的诀窍，增强坚持到底的决心，从而提高执行力。

你的才能就是你的天职，你能做什么？这是对你自己最好的质问与对话。生活不是试跑，也不是正式比赛前的准备活动，生活就是生活。不要让生活因为你的不负责任而白白流逝。对待得失，关键是要调整自己，保持积极的心态，积极心态要求你在生活中的一时一事中，学会积极地思考。积极思考是一种思维模式，它使你在面临恶劣的情形时，仍能寻求最好的、最有利的结果，所以积极的心态是迈向成功不可缺的要素。幸福是靠奋斗出来的，找准目标，在人生旅途上的种种经历才令人陶醉、亢奋激励、欣喜若狂，因为这是在你的控制之下，在你的领域之内大显身手。所以，对待工作需要全力以赴，持之以恒。

第三节
校长的垂范作用

校长的垂范作用

教育者
领导者
管理者
学习者

一、校长的角色定位和必备的几项能力

清全思则
内在品质
品位修为
人际关系

二、校长的人格魅力形成

自我意识
关系透明
内化道德观
平衡处理

三、诚信价值领导，成为团队走在最
　　前面的举旗人

制度权威
智慧权威
道德权威
人格权威
决断权威

四、全情投入，树信立威，用权果断

以友善之心待人
以温和之心待人
以包容之心待人
以真诚之心待人

五、校长的待人处事之道

校长的治理就好像做泥瓦匠，既要讲原则、将制度维系得规规矩矩，又要学会抹稀泥，使之密无缝隙。所以，校长的治理之道，不可过深过浅，不可过屈过伸，不可过藏过露，更不可过隐过现。因此，做校长最好虚怀若谷，喜怒不形于色以容人，荣辱不惊于身以对人，守柔不争以忍人，远权避祸以做人，身处危难之际而仍然能够性情闲适爽朗。校长是管理者，但不仅仅在于如何去"管人"，更重要的是如何在高层次去"影响人"。校长的职责应定位在"引领"和"倡导"上，用自己的思想和行为"引领"教职员工努力工作、用心工作、快乐工作，并"倡导"教职员工科学工作、用脑工作、有效工作，从而打造智慧型的教师团队，构建独具特色的校园文化。做校长的还要学会以柔克刚，以正气克邪气。既讲究策略，又讲究胆识；既讲究原则，又讲究灵活；既讲究立场，又要讲究方式方法，少言自重，宁静致远，严于律己，宽以待人。只有这样才能真正体现形圆志方、立志治学的本分。西汉《淮南子·精神训》有云："轻天下，则神无累矣；细万物，则心不惑矣；齐死生，则志不慑矣；同变化，则明不眩矣。"就是说：看轻天下的权势，那么精神就不会受到外物的牵累；看小世上万物，那么心志就不会受到诱惑；把死与生等同起来，那么意志上就会坚定；把万物的变化看得一致，那么智慧就不会有障碍了。所以淡泊处世的性情观，是精神的最高境界。《淮南子·原道训》有云："夫喜怒者，道之邪也；忧悲者，德之失也；好憎者，心之过也；嗜欲者，性之累也。人大怒破阴，大喜坠阳；薄气发瘖，惊怖为狂；忧悲多恚，病乃成积；好憎繁多，祸乃相随。故心不忧乐，德之至也；通而不变，静之至也；嗜欲不载，虚之至也；无所好憎，平之至也；不与物散，粹之至也。能此五者，则通于神明。通于神明者，得其内者也。是故以中制外，百事不废；中能得之，则外能收之。中之得，则五藏宁，思虑平，筋力劲强，耳目聪明，疏达而不悖，坚强而不鞼，无所大过而无所不逮；处小而不逼，处大而不窕，其魂不躁，其神不娆；湫漻寂寞，为天下枭。"这就是喜怒哀乐伤身，德静虚平养性，真正有作为的人，应该做到喜怒不出于心、不形于色，保持清静平和的良好心境，这是学校领导应有的修为。

学校治理归根到底就是人的管理，因为学校是人办的，其成功秘诀就在于人，聪明的校长可以让教师发挥最大的才能，创造最大的价值，而且可以让教师对学校产生家的感情和眷恋之情。管人是一门艺术，它不仅需要正确的管人理念，还需要有一种技巧和手段，要成为一个成功的管理者，一定要用"心"来处理管理中的各类问题。孔子说："无欲速，无见小利；欲速则不达，见小利则大事不成。"① 所以有些事不能过于着急，得顺其自然。"大道无形，大仁无亲，大辩无声，大廉不嗛，大勇不矜。"② 当道和仁到了最高境界便没有了形体；最好的辩论是不辩论；最廉洁的是不自满；最勇敢的人不自夸。学校麻雀，五脏俱全，学校教师中也有各色人等，用人管人，并非易事，如何表现校长的人格魅力，如何处理校长与教职员工的关系，如何有效地激励员工，如何营造学校的合作气氛，如何让教职员工遵守规章制度，如何合理分配工作，如何处理学校里的各种纠纷，如何确保教师的忠诚度……这些，你都可以在本书中找到适合的解决方案。

一、 校长的角色定位和必备的几项能力

关键词解读 校长

校长这个职业是社会发展到一定历史阶段的产物，在《中华人民共和国职业分类大典》中，校长属于一个独立的职业，具体描述为：校长是学校中担任领导职务的并具有决策、管理权的人员。校长是学校行政负责人，扮演法定代表人的角色。在校内是单位的决策者，肩负着贯彻党的教育方针、坚持社会主义的办学方向、体现国家办学意志的责任。由此可见，校长属于被独立界定的一个职业，他的工作环境具有特殊性，是在学校，一个培养人、影响人身心发展的专门场所。他的身份是特殊的，不仅是一个教育者，熟悉教育教学活动，掌握教育教学知识，具备教育者的素质，而且还是一个领导者、管理者，制定学校的发展规划，运用科学的管理方法、管理技术实行对学校人、财、物，以及信息等的全面管理。

锦囊妙解

要实现中国未来发展、中华民族伟大复兴，关键靠人才，根本在教育，而教育有力的参与者——校长，其责任自然重大。《义务教育学校校长专业标准》"引领发展"中指出："校长作为学校改革发展的带头人，担负着引领学校和教师发展，促进学生全面发展与个性发展的重任。"校长要准确地把握学校治理的方向，正确引领学校发展，不断完善学校内部治理结构，实现学校治理能力的现代化，构建富有本校特色的学校内部治理体系，从而营造良好的教育生态。在内部治理逐渐走向深入的社会背景下，校长如何在管

---

① 该句出自《论语·子路》。
② 该句出自《淮南子》卷十四《诠言训》。

学治教过程中扮演好角色，对学校发展和内部治理起到至关重要的作用。

下面从"教育者""领导者""管理者""学习者"这几个角色来解读校长定位。

1. 教育者

一个优秀的校长，首先应该是一位教育者，应该懂得教学，应该成为学校教学改革的引领者。20世纪90年代以来，国际教育管理学界越来越重视校长的教育者角色。在我国，由于新课程改革的缘故，校长成为教育者即成为学术带头人和教学改革"领头羊"的客观要求更加迫切。实际上，我国的很多中小学校长不能适应新课程改革的要求，这与他们在成为校长后没有持续关注教学和教学改革有直接的内在联系。在学校这个具有特殊社会意义的相对独立的教育组织中，校长应该以教育者的身份定位学校的组织性质及核心价值观，对教师的教学和学生的学习进行有效指导。《国家中长期教育改革和发展规划纲要（2010—2020年)》指出："倡导教育家办学。创造有利条件，鼓励教师和校长在实践中大胆探索，创新教育思想、教育模式和教育方法，明确学校发展定位，形成教学特色和办学风格，造就一批教育家。"[1]"教育家办学"是温家宝总理自2003年以来提出的重大教育命题，其核心就是建设教育强国必须按照教育规律办事，为校长专业化发展指明了方向，对于提高办学水平、打造学校精神特区、培养全面发展的高素质人才具有重要意义。让校长成为教育家，既是政府的倡导，也是社会的期盼、时代的呼唤。正如教育家苏霍姆林斯基所说："校长必须具备教师所具备的一切素质，一校之长应是师者之师。"[2]

2. 领导者

领导者和管理者不同，管理者是把正确的事做好，而领导者是做正确的事。领导者要站得高看得远，思考对学校的发展有全局性、战略性、前瞻性意义的问题，要对学校发展做出正确的战略选择，有较强的战略规划和战略管理能力，而不是一个事务主义者。一个优秀的校长不仅善于管理，而且善于领导。他们能做出正确的选择，做正确的事情，也能采取有效的行动，把事情做正确，即能把正确的事情做正确，不仅有很强的领导力，还有很强的

---

① 华建东，张烨. 校长专业化："教育家办学"的制度赋予与实践衍生［J］. 华人时刊（校长版），2015（7）：88-89.

② 杨长兵. 一名好校长应具备的素质［J］. 甘肃教育，2015（15）：23.

执行力。能以领导者的身份对学校发展进行内外环境分析，确定学校的愿景和目标，制定学校的发展战略，规划学校的未来。好的领导者要善于用非权力影响力带动班子、抓好队伍。

陶行知先生指出："校长是一个学校的灵魂，要评论一个学校，先要评论他的校长，有什么样的校长就会有什么样的学校，就有什么样的教师和学生。"① 校长的魅力是磁石，能把学校全体教职员工吸引过来，凝聚在一起，围绕着一个共同目标团结奋斗。校长的影响力有两种，一种是由职务产生的权力影响力，另一种是通过校长自己的人格魅力、政治水平、工作作风、领导能力等因素在教职员工中产生的威信力、凝聚力、感召力等，即非权力影响力。校长要善于利用非权力影响力来带班子、抓队伍，要以自己的人格和言行感染师生，用人格魅力去影响别人，努力使自己成为学习的模范、团结的模范、转变作风的模范、廉洁自律的模范。权力影响力是暂时的，非权力影响力是长期的、永恒的。一位好校长能成就一所好学校，一位优秀校长的人格应该是高山仰止、无法估量的，随着时间的推移，它将会日益清晰地化作一座永远值得怀念的人格丰碑，化作永远滋润校园的精神营养。

要成为一个具备优秀人格的领导者型校长，需要用"四心"精神做出表率。这"四心"，即实心工作、真心做事、诚心做人、善心立身。尚德修身，以德从教。凡办学有建树的校长，皆身正为范，修身有道。陶行知、蔡元培、张伯苓、梅贻琦等都是校长的典范。古人云：道心惟微，反求诸己。告诫我们不要因小节而误了正道，只有反思、检查自己的言行，才能知得失。古人尚且如此，我们更要注重自身建设，要以身作则，率先垂范，严于律己，为教清廉，成为学习、团结协作、宽容和廉洁自律的表率。

3. 管理者

校长要能运用必要的管理方法和技术手段对学校的教育教学工作、人员、财务、时间、信息、公共关系等进行全面管理。懂得管理的校长需要善于协调资源，放大办学能量。协调与教育主管部门的关系，寻求政府支持；协调与教师之间的关系，建立合作与竞争机制；协调学校与学生、教师与学生、学生与学生之间的关系，做沟通达人；协调与家长之间的关系，彰显家庭的教育功能；协调与社区的关系，实现合作共赢。在现代学校制度建设的过程中，校长的协调能力和协调水平成为校长管学治教的一项重要的角色职能，协调的成功，意味着管理的和谐。和谐的环境，则会为办学的成功提供

---

① 王铁军. 校长的境界决定学校的境界［J］. 新课程（综合版），2012（1）：1.

先决的条件。因此，新时代的校长要不断提升自己的协调能力，以提高教育质量和办学水平。

在这里有"四精"理念的管理方略想与大家分享。"四精"，即精心、精细、精致、精品。"精心"就是看是否用心、看思维、看思路；"精细"就是不要忽略细节，因为细节决定成败；"精致"就是要把每项工作做到最高水准，做到极致；若如此，肯定出"精品"。治理应有度有节，应以制度和情感来治理。学校治理涉及诸多因素，其中最主要的因素是对人的治理，特别是对教师的治理，刚性制度的约束和人性化的人文治理的和谐统一，是校长治理的有效方法和发展方向。作为校长在"治"方面，要花精力"建制用人"，即抓好规章制度的建立和打造一支优秀的教师队伍；在"理"的方面，要给教师更多的人文关怀，想教职员工之所想、急教职员工之所急，构建和谐的校园文化，让教师学会为他人鼓掌，形成共同的价值追求和团队精神。

4. 学习者

一个优秀的校长，要善于观察、学习。"通于学者，若车轴转毂之中，不运于己，与之致千里，终而复始，转无穷之源。不通于学者，若迷惑，告之以东西南北，所居聆聆，背而不得，不知凡要。"这出自《淮南子·说山训》，大意是：对于通晓学问的人，就像围绕车轴旋转一样，可以到达千里，终而复始转行在无穷无尽的源头之中。不通晓学问之道的人，却迷惑不清，告诉他东南西北和所处的地方，似乎明白了；而一旦离开这个地方，又不得而知，总是得不到要领。这说明只有始终如一地要求自己做一个"学习者"，坚持观察和学习，才能知识渊博，运筹帷幄，明辨是非。

观察，既"观"又"察"，这里的"观"是发现，"察"是思考。学校领导者的生命力其实就是发现力，发现的基础就是思考，没有思考，治理就难有新意。没有思考，就只能人云亦云。所以，学校领导者在学校治理中要学会的是"观察"而不是"看"。勇于接受新挑战，不断学习新知识，向同行学习，学习别人的成功之处。知识是工具，不是目的。要理清"观察"与"看"的关系。"看"就是通过眼睛来认识客观世界，而"观察"就是在看的同时伴随着思考，先思考，然后再说话。善于观察的人往往能见人所未曾见、察人所不能察，在人们熟视无睹的现象中观察到有价值的东西。作为学校的领导者，要眼观六路耳听八方，要学会培养收集信息的习惯，"可靠"是信息的生命，在堆积如山的信息中，如何获得有质量的信息？收集信息有"公开搜集"和"借机搜集"两种方式：第一，公开搜集。这种办法最保险可用，可以从社会上公开发行的报纸、杂志、书籍和专业网站上搜集，可以从教育行业出版发行的教育报纸、杂志和教育科研书籍中搜集。第二，借机搜集。利用会议、参观、学术交流、各种培训等有利条件，借此机会，进行相应的教育信息搜集。

再来看看如何学习。校长每天要处理的事务千头万绪，但不管再忙也要挤出时间来学习，不学习会很快落后于时代。向书本学习，书是力量的源泉，只有肯向书本学习，从书中汲取养料，才有自身发展的不竭动力，学习管理理论，学习专业知识。向身边人学习，三人行必有我师，身边的任何人都值得学习，学习他们的长处，警醒自己的短处。向实践学习，实践出真知，只有在自己的工作岗位上不断实践、探索和认真总结，才能不断地取得进步，才能较快地成长。学习是涵盖一切的，学习即生活，学习即性格。学习是人的第一特点，第一长处，第一智慧，第一本源。学习是一种建设，一种节操，一种免疫功能。学习是人生的智慧之灯。学习是我们立于不败之地的保证，使我们总是有所收获，使我们总是不至于悲观失望。从人类已有的智慧中，从活生生的人生图景、人生故事、人生经验中，寻找接近真理、接近美善的前景。

二、　校长的人格魅力形成

关键词解读 人格魅力

一个校长的人格魅力深深影响着学校。人格包含着三层意思：一是人的性格、气质、能力等特征的总和；二是个人的道德品质；三是人作为权利、义务主体的资格。作为校长要从某种意义上成为学校的象征，"人格"至关重要。再看魅力，巴金在《悼范兄》中写道："你不是一个空谈家，也不是一个发号施令的英雄。在武庙凉台上的夜谈中你就显露了你的真实面目。谦逊，大度，勤勉，刻苦，这都是你的特点。你不是一个充满夺目光彩的豪士，也不是一个口如悬河的辩才。你是用诚挚，用理智，用坚信，用恒心来感动人的。别人把崇高的理想用来做成自己头顶上的圆光的时候，你却默默地在打算怎样为它工作，为它牺牲……"① 这就是一个人的魅力，魅力是一

---

① 该段文字出自巴金所写文章《悼范兄》，"范兄"指的是巴金的挚友陈范予，1941 年 2 月，病逝于武夷山。巴金闻讯，撰写了《做一个战士》《死》以及该篇文章进行悼念。

种无形的美。魅力是全部内涵的外化，其心清清，其念纯纯，其风翩翩，其神奕奕。魅力并非物件，可以储之于闲，用之于需。魅力恰似明媚的春天，它的影响会注入光阴的每一瞬间。每个人都可以有独特的魅力，但是只有当我们与人交往时，魅力才会被感受到，魅力的要素是神秘的。魅力的神秘感体现在言语未到之时，也许是一个眼神，是手轻轻地一触，或仅仅是一种感觉；是一种内在吸引力，是教养、举止以及气质的综合。校长的人格魅力是多方面的，要以良好的道德品质去影响师生、感染师生；要树立社会主义荣辱观，要善于明辨是非、善恶、美丑；要有博爱的品质；而最重要的是思想的魅力；你可以是一个尽善尽美的大好人，但是没有思想，绝对不是一个好校长。

锦囊妙解

一个优秀的校长，其真正的魅力外在是亲和力，而内在则是其组织、管理和知人善用的能力。

这里从"清全思则""内在品质""品位修为""人际关系"这三个方面谈谈如何修炼校长的人格魅力。

1. 清全思则

有做实事的态度，是学校领导者成事的准则。刘伯温信守为政有四诀：清、全、思、则，即条分缕析、相互关联、详细思考、遵守原则。《淮南子·主术训》："心小者，禁于微也；志大者，无不怀也；智员者，无不知也；行方者，有不为也；能多者，无不治也；事鲜者，约所持也。"就是心中考虑得细小，则可以禁止微小的弊端发生；志气宏大，则天下无不包含在其中；智虑周全，那么没有什么不能知道；行事方正，则对于不是正道的事情不去干；才能多，那么没有什么事情不能成功；而所做的事情少，则可以紧紧把握权柄。因此，考虑要细，从事要约，则内心持守，道衡才不失。但同时也应知道"水若过清则鱼不留，人若过严则人心背"的道理，治理过严弊多利少，我们对待中层和教师需要容其所长，避其所短，顺从人性，使之知禁。

2. 内在品质

校长必须清楚自己的角色，即是一个"领导专家"，是一个需要懂得如何组织运用不同因素的专家。更确切地说，让教职员工"快快乐乐"去做他应该做的事，甚至包括他不喜欢做的事。在一个精细分工的时代，学校领导者要能让不同学科的教师在意见分歧中组合成一个学习共同体，这种组合的能力，就来自领导者运用影响力的艺术。身为学校领导，必须知道如何通过行政会议、问题协调、个别督导、建立共识、鼓励士气、组织运作及气氛营造来产生影响力，使不同的老师，能在愉悦的环境里，以最佳的心态倾其所能，贡献一己之长。这种影响他人的能力，使不同的个体能达到"众人一口"的"合"字精神，让今天收藏昨天，让明天收藏今天，在一截一截的收藏中，原先的断片连成了长线。这便是一个优秀的领导者所应该具备的能力和魅力。

所以校长必须不断加强自身建设，提升自己的内在品质。这些内在品质包括：第一，忠诚坚定。不直来直去，不求全责备，不发泄，不抱怨，不说三道四，遇事不喜形于色。第二，乐观向上。乐于听取他人意见，乐观处事，不悲观。学会微笑，微笑也是一种魅力，它能够提升一个人的个人形象。第三，热爱下属。注重人性化管理。第四，鼓舞人心。校长应当给下属失败的机会，不妄加指责。第五，统领全局。聪明的校长从不会说：这不关我事。第六，坚决果断。处理事务要坚决果断，当断则断。同时偶尔在需要的时候会说"我不知道""我不明白""我不懂你的意思""请帮助我""我需要你帮我解决这个问题，因为我不知道怎么办"，这些话可以使你变强，帮你战胜强者。第七，理智周到。以委婉动听的话语待人总比用尖刻刺耳的语言更好，这是生活中的一个简单道理。所以要记住一条重要原则：批评时应当针对事情，而不要迁怒于个人，办事过程中采取投石问路之法，在不经意间表达自己的意志。第八，公正无私。当你总结成绩、安排工作、评聘职称、评优选先、雇用教职员工、解雇教职员工的时候，都将影响整个学校。所以下属知错认错就要置之一边，不应耿耿于怀，犯错误是学习的良好机会，切不可把它视为伤害下属自尊心与自豪感的靶子。第九，诚实可信。要讲真话，保持诚实，有利于学校的共同利益。第十，志在高远。校长必须志存高远，目光远大，同时对中层和教师满怀信心。学会分享下属的成功，认可他们的成绩，以自己的热情和充沛的精力来激励员工，让每个员工都得到进步与提高，但要注意任何事情都不要矫枉过正。

3. 品位修为

校长是学校的灵魂，是办好学校的关键，只有校长具有高品位，学校才可能有高品位，从而为教师打开一扇扇思想的门窗，把人类最美好的东西呈现给学生。有品位的学校领导肯定是科学管理的能人，也是管理艺术的大师。他们有某种特质，比如，特别的真，真诚待人，求真务实，富有真知灼见；特别的善，善解人意，宽容包容，善于与人交往沟通；特别的智，灵活经营，左右逢源，充满智慧；特别的美，知识渊博，有诗人气质，有艺术家的风格，懂得挖掘美、欣赏美、享受美、追求美——也就是有一种人格魅力和令人信服的校长领导力。

如何成为一个有高品位的校长？

第一，应勤力汲取文化营养。校长应勤奋学习，广泛阅读。如果我们每天阅读的是温暖的、崇高的、引人向上的读本，久而久之，我们的心田种下去的也是这样的东西。只有不断学习，才能用丰厚的文化武装头脑，博采众长；才能用诗性的文化浸润灵魂，丰富情感；才能用理性的文化规范行为，指导实践。应该做到白天走、干、讲，晚上读、写、想，这样才能形成庞大的知识体系，深厚的道德修养和宽厚的行为风范。

第二，应倾力铸造人文精神。高品位校长的本质内涵，应该是光芒四射的人文精神。人文精神的核心是"大爱"，以人文精神重塑"亲情型"校长形象，成为我们的必然选择。爱学生，应不分成绩优劣，不凭个人喜恶；爱同事，应不分亲疏远近，不凭主观臆断；爱自己，应既不放任欲望，也不过分苛刻。

第三，应着力培植艺术细胞。校长有没有品位，品位高不高，一个重要的衡量指标是艺术细胞多不多。校长要把懂艺术、会艺术作为自己的一门必修课，应通过不断地修炼，使自己像艺术家那样，拥有严谨而认真的工作态度，拥有高涨而恒久的创作激情，拥有献身教育、追求艺术的诗性和悟性。拥有敏锐的感受力和丰富的想象力，拥有耐得住寂寞、守得住清贫的意志。长久熏陶，校长的品位自然能得到提升。

第四，应大力弘扬开拓创新精神。在学习、借鉴的基础上，锐意进取、积极创新。比如，在当前规范中小学办学行为、推进实施素质教育的新形势下，校长们应将对成绩的关注，回归到对"人"的关注，将以授业为中心的课堂，变为师生和谐成长的阵地，将单纯、单向的师生关系变得丰富起来，将依法治校与情感管理完美地统一起来，将有责任与有情趣、有情调、有情感和谐整合起来。只有满腹经纶，才能激扬文字；只有勇气卓绝，才能丰盈人生。

品位是一种目标，也是一种能力。做有品位的校长，不仅仅是我们自身的需求，也是时代赋予我们的使命。

4．人际关系

校长的魅力形成是多方面的，人际关系的合理处理是一个不可缺少的环节，其中有一些需要遵循的规则，看似细碎，实则必要：不相信那些动辄汇报谁谁在骂你的人，也不相信那些一见了你就夸奖、歌颂没完没了的人；不讨厌那些曾经公开地与你争论批评你的人；绝对不布置安排一些人去搜集旁人背后说了你一些什么；绝对不在公开场合，尤其不能在自己的权力影响范围内，即利用自己的权力或者影响召集一些人大谈旁人说了你什么，那样做等于拆自己的台；不回应任何对于你个人的人身攻击，只讨论不仅对于你和你的对手，而且对于更多的人群，对于社会和国家，对于某种学理的建设和艺术的创造确有意义的问题；不随便拒绝人，也不随便答应人，不在无谓的事情上炫耀自己的实力；不急于表现自己，不急于纠正旁人，再听一听，再看一看，再琢磨琢磨；不在背后议论张长李短。记住，人际关系永远是双向的，学人者人恒学之，助人者人恒助之，敬人者人恒敬之，爱人者人恒爱之。同时，说人者人恒说之，整人者人恒整之，害人者人恒害之，耍人者人恒耍之，虚伪应付人者人恒虚伪应付之。绝对不接受煽动，不接受挑拨，绝对不因 A 的煽动而与 B 为敌，也不因 B 的煽动而向着 A 冲去；在人际关系中，永远不考虑从中捞取什么；永远不要以为任何你接触的人比你傻，比你笨，比你容易上套；对某人某事感到意外时，先从好处想想，可能他做这件事是为了帮助你，至少客观上对你无损，而千万不要立即以敌意设想旁人；永远不与任何人，包括对你最不友好的人纠缠，你搞你的人际纠纷，我忙我的业务工作，你搞纠纷的结果未必能怎样怎样，我搞业务工作的结果，很可能有一些成绩，我的一切成绩都是对你的最好回答，更是对友人的最大安慰；寻找结合点、契合点，而不是只盯着矛盾分歧，永远安然坦然，心平气和，视分歧为平常，视不同意见的人为现实的诤友或后补诤友，而不是小气鬼般地一见到意见不一的人，就如坐针毡，脸上红一阵白一阵；不从个人利害的角度谈论与思考问题，宁可把一切争执学理化也不要搞个人化，把人际关系的处理当作一门特殊的课程，从中分析和进一步掌握我们的国情，我们的历史，我们的社会结构，我们的哲学传统与时尚思潮，我们的逻辑学、科学、文明教养、心理健康等，这也就是学理化的意思；可以用足气力去学习、去工作、去写作，乃至去旅游、去赛球、去玩儿，但是用在人际关系上，用在回应摩擦上，用在对付攻击上，最多只发三分力，最多发力 30 秒钟，然后立即回到专心致志的求学与做事状态，再多花一点时间和气力，都是绝对的浪费精力、浪费时间。

三、 诚信价值领导，成为团队走在最前面的举旗人

关键词解读 诚信价值领导

这是一种源自积极心理能力和道德氛围的领导行为，促使领导者在与下属的工作互动中，形成一个更完善的自我意识、内在道德标准的积极自我发展过程，包括自我意识、关系透明、内化道德观、平衡处理四个维度。确切地说，是指领导者在领导过程中能够表现出诚实守信、言行一致、表里如一、诚恳负责的品质或行为，从而有利于团体实现组织目标。在一所学校，诚信领导的核心，就是通过校长展现出的诚信品质或行为，影响教职员工的认知、态度及行为，进而促使学校里坦诚、互信、和谐关系的形成，提高教职员工对学校的认同感及归属感，激发教职员工的积极性和创造力，为打造一支富有竞争力的学校人才队伍创造条件。

锦囊妙解

校长应该是带领全校教职员工落实党的教育方针，并跑在最前面的举旗人，而不是持鞭者。"身先士卒，率先垂范"是对校长不畏风险、勇挑重担的生动评价，说明只有敢为人先的校长，才能起到表率作用，才能启动员工的"活"动力。所以校长要员工服从指令并不困难，有一个方法，就是"以身作则"。然而要达到这种"以身作则"的诚信价值领导境界并非易事，勇敢赶路，才不辜负余生。

对一个校长而言，"自我意识、关系透明、内化道德观、平衡处理"这四个维度的建构和持续保持过程都有极高的要求，而如何完善这四个维度的要求，下面进一步展开谈一谈。

1. 自我意识

《淮南子·原道训》里说道："得道者，穷而不慑，达而不荣，处高而不机，持盈而不倾，新而不朗，久而不渝，入火不焦，入水不濡。"大意是：得道的人，贫困的时候不会害怕，富贵的时候不贪图荣华，处在高位不会有危机；拥有满的东西就不会倾覆，新的东西不显得光亮，使用长久的东西不会变化；扔进火里不会烧焦，投到水里不会沾湿；不以物喜，不以己悲，方能不为环境所左右。在《淮南子·诠言训》又说道："圣人不为可非之行，不憎人之非己也；修足誉之德，不求人之誉己也。"这是指圣明的人不去做那些可能引起非议的事情，也就不畏惧别人诽谤自己；修养足以使人称颂的

德行，而并不求别人的赞誉。谨慎从事，流言不起；修身养性，声誉自兴。

　　作为校长，需要有强烈的自我意识，从多个细节维护自己的声誉。切记不要忘记自己曾说过的话，否则很容易在教职员工心中失去信誉。校长的信誉是一种巨大无比的影响力，也是一种无形的财富，校长赢得教师们的信任，自然就会赢得教师们无怨无悔的跟从和追随。要时刻牢记，任何一所学校对于校长来说都是其观点、力量、信心、忧虑和缺点的一面镜子。校长必须在所说的和所做的事情中，为教职员工树立起一个标准，树立起一个榜样让他们学习，必须时时砥砺自己，并经常进行自我反省，这是一个好校长逃避不了的常态。

2. 关系透明

　　关系透明是指坚持诚信领导的校长将真实的自我展现给他人，努力在学校里营造透明民主的关系，积极协调各种不同的信息，强化教职员工对校长的信任，使教职员工卸下伪装，公开分享信息，表达他们真正的想法和感受。有五个具体可行的途径可以达到关系透明的状态：第一，目标一致。校长的一言一行，从各方面所传达出来的信息，整个学校的目标以及沟通管理上的工作，都必须有着极为密切的关系，如果你想推动任何一个新计划，你都必须亲自投入，负责监督贯彻，直到这项计划融入学校，成为学校不可分割的一部分为止。第二，言行一致。校长的行为应该要和自己公开说过的话一致，如果你强调什么，就把它量化；你不量化，说明你不重视。第三，风格一致。校长的沟通方式应力求直接、坦诚，尽量鼓励教师们发表意见。第四，前提一致。校长认为重要的人和事，就应该充分地重视。第五，角色一致。校长应该是一个学校的最高沟通领导，也是主要事务的发言人，不管是对内或对外沟通，都不该假手于人。要赢得百分之百的信任，必须真诚、表里如一，时时刻刻向团体释放出你是个值得信赖的校长的信息。

3. 内化道德观

　　内化道德观是指校长在面对群体、组织、社会压力时拥有内在的道德标准和价值观，用高道德标准和行为要求自己。道德高尚、诚实正直的领导能够影响下属的观念和价值体系，使教职员工在组织面临挑战和问题时，关注学校整体利益而不仅是个人利益，勇于表达内心真实想法，为学校发展提出建议。作为校长，需要时刻提醒自己，校长是被学习的榜样，而不是被赞扬的对象。树立榜样就意味着去发展诸如勇气、诚实、随和、公正、可靠等个人品质特征。为别人树立学习的榜样，也意味着坚持道义的正确性，即便当这种坚持需要你付出很高代价的时候，也得坚持。不要在员工面前流露悲观情绪，要多结交热情的人，学会自我鼓励，多看一些思想积极的书籍，时刻要想到以你为榜样的所有人，要永远保持乐观，学会控制自己的情绪，如果你控制不住情绪，或者如果你长期陷于沮丧的状态，那么，你永远控制不了别人。

如果一校之长能够时刻履行校长的义务，并能以身作则，表现出榜样的风范，你的教职员工就会尊敬你，而且会产生一种想达到你的境界的强烈愿望。成为受人尊敬的楷模型校长，需要掌握以下技巧：为你的员工树立高标准的学习榜样；通过自己努力工作，树立榜样；身体要健康，精神要饱满；要完全掌握自己的情绪；要保持愉快而乐观的态度；在指责或批评别人的时候，不要把你个人的因素掺和进去；待人要随和，有礼貌；必须言而有信。

4. 平衡处理

平衡处理是指校长在决策前能客观分析所有相关数据、征求教职员工意见，这个角度体现出诚信价值领导十分关注教职员工在学校发展中的作用，而正因为这种关注和尊重，增强了教职员工对校长的信赖，达到最佳平衡处理的作用。作为校长，需严守五项原则：第一，公私分明。绝不可以将私事和学校的工作混杂不分。第二，严于律己。学校所规定的任何事情，一定要以身示范，并做好它，绝对不要破坏自己颁布的规定。第三，不随便许诺。做到"胸中有数"，就会占得主动，绝对不要承诺你不能实现的事，"知所为知所不为"，"骄溢之君无忠臣，口慧之人无必信"。① 第四，用人不疑。用人，就要完全信任人，不信任的，就不要用。第五，公平公正。以公平公正的准则来管理学校事务。

四、 全情投入，树信立威，用权果断

关键词解读 ▶ 校长权威

权威是一种令人信服的威望和力量。领导者有了权威，所发出的政令就容易得到贯彻执行，所领导的组织就容易形成凝聚力。正因为如此，绝大多数领导者对权威都有较高的追求。而细分到校长权威，则包括制度权威、道

---

① 出自《淮南子》卷十《缪称训》。该句的意思是骄横的君王没有忠臣，话说得动听的人不会诚实。

德权威、智慧权威、人格权威和决断权威。作为专业领域中的领导者，校长不仅要善于了解和使用制度权威，更要追求与自身素养密切相关的道德权威、智慧权威、人格权威和决断权威。

锦囊妙解

作为一所学校的校长，要能妥善运用好制度权威、智慧权威、道德权威、人格权威和决断权威。其中，"正当"与"公正"在校长的制度权威中处于核心地位；智慧权威是校长职业素养不可或缺的重要组成部分；高尚的道德权威支撑校长成为师生信服的楷模；优秀的人格权威是校长魅力的重要来源；决断权威是成熟型校长在某些特殊情况下、特定条件下所需要使用的权威。

1. 制度权威

"正当"与"公正"在校长的制度权威中处于核心地位。学校与其他社会组织一样，拥有塔形的组织结构体系，这个结构赋予每一层级的领导者相应的责任和权力。由这种制度结构本身提供的以权力为核心标志的权威我们称之为制度权威。在学校中，校长要用好制度权威，关键是要将"正当"与"公正"当作合理使用制度权威的两个最为重要的标准。

所谓正当，通常指人的行为的合法性和合理性。因此，校长在管理中应做到：第一，保证管理行为的合法性，即校长要依据已有的法律、法规以及相应的规章制度和社会普遍认同的道德规范来进行决策和管理。这就要求校长要十分清楚制度权力的边界，尤其要知晓个人决定和集体决定的范围、各级领导的责权边界以及职业领域、公共领域和私人领域的区别，并将自己的决策和管理行为控制在制度权力的边界之内，即要自觉地将权力关进制度的笼子里。第二，要保证决策和管理行为的合理性。所谓合理，就是决策和管理过程要符合决策和管理的基本规律，保证管理过程的科学化。例如，校长应善于向下属及时解释决策的基本过程和依据，使教职员工能很好地理解校长决策的合法性和合理性。

再看看公正，公正在汉语中的解释为"公平正直，没有偏私"。在决策和管理领域中，公正包含了两个基本含义：第一，能自觉地对抗情感和物质诱惑的拉偏力，平等一致地对待相应的管理对象和事物，正如孔子所说的，"善为吏者树德，不能为吏者树怨。概者，平量者也；吏者，平法者也。治国者，不可失乎也"①。第二，不是按照个人意愿和理解来设定管理的标准，而是按照相应的法律法规、学校的规章制度和社会普遍认同的道德规范来处置相应的管理事务。只有这样，校长的决策和管理工作才能获得"公正"这个强有力的支点。中国是人情文化浓重而民众法制意识相对淡薄的国家，在这样的社会文化中坚持公正的原则并不容易。几乎在每个决策和管理问题上，校长都会面临公正问题的严峻的考验。设想一下，如果越来越多的校长能够经受住这种考验，而不是屈从于传统的人情和官本位文化，那么中国一定会有越来越多的学校管理工作步入到法制化和科学化的发展轨道。而这种发展正是社会进步的重要标志。

2. 智慧权威

智慧权威是校长职业素养不可或缺的重要组成部分。校长的智慧权威主要表现在：当遇到决策或管理难题时，经常能找到比别人更高明的解决方案。如果一个校长在大家觉得十分为难甚至束手无策的时候，总能提出令人心悦诚服的解决方案，那么这位校长就容易形成智慧权威。校长的智慧权威有三个重要来源：第一是稳定良好的思维品质，即在遇到复杂棘手的决策和管理问题时，校长能表现出很好的思维广阔性、深刻性和灵活性，既能总揽全局，把握好学校大的发展方向，又能在多种具体的解决方案中迅速地选定最佳的方案。第二是丰富的管理经验和生活、工作阅历。校长的决策和管理是一个十分复杂的过程，它涉及学生、教师、家长的许多切身利益以及组织发展目标和个人发展目标的协调统一，一个人如果没有丰富的生活阅历和管理经历，这种智慧权威很难形成。第三是较好的学习经历和较高的理论水平。理论具有概括、提升实际经验并揭示规律和事物发展趋势的作用，如果校长具有较高的理论素养，就有可能站上决策高地，依据更长远的学校发展目标并在更为广阔的视角范围内，提出更为优化的决策和管理方案。

管理悟性高的校长通常有两个相似之处：一是善于恰当地开放决策的过程。这有两个好处，一方面可以让其明了决策所面临的困难，以及领导者在处理复杂情况下所表现出的智慧，从而使实施者对决策者产生智慧信任；另一方面能有效地保证教职员工和学生、家长的知情权，从而充分地激发他们的主人公责任感和参与意识，使其对决策产生过程保持信任。很显然，当学校领导与教师间产生了信任和共识，决策就比较容易得以贯彻实施。二是善于调动领导班子和教师、学生的集体智慧，尽最大可能放大决策选择的资

---

① 此句话出自《韩非子·外储说左下》。

源。为此，校长要善于总结在治理中形成的正反两方面的经验，不断提高决策水平；同时，还要善于建立一整套能调动中层班子成员和教师、学生积极参与的决策程序，从制度上保证校长的决策能集中和采纳更多人的智慧。

针对初任领导者的"外行"校长，如何短时间内提高自己的治理能力，从而提高自己的智慧权威呢？首先，应在最短的时间内深入学习，弥补作为一个校长所需的基本知识和经验，通过阅读有关书籍或听取中层对业务详细内容的汇报、各部门关系的汇报，在大局上及早进入状态。人们畏惧一根小小的针甚于畏惧一把大大的锤子。针的力量来自于集中。精明的校长要学会"借"字，"借"脑就位，"借"团队智慧就位。要一面说"我是外行……"，学会忍耐的艺术，忍是大智，小忍得到的是大谋，装怯可以避祸，不让漏洞露出来；一面对员工的工作加以信赖，逐渐学会抓住工作的本质，在充分发挥中层作用的同时，尽快胜任工作，尽快认识问题的所在以及今后的工作方向。作为一个管理者，提高治理能力，比掌握有关业务的经验或专门知识更为重要。这些治理能力包括：第一，对于本职工作的目的，特别是从全校来看，对其职位和该职位与其他业务的关系等问题，要迅速判断清楚。第二，要有能看清楚与该职位有关的必要基础知识，并立即予以掌握理解。第三，对于履行职务的方式或工作的组织方法，以及对中层的指示或指导方法等，要有充分的判断。第四，对于目前的业务的实际状况，要有及时发现问题和提出改善的方针。第五，每天、每周、每月或半年、一年都要做一些工作，按照一定的程序多计划、多记录、多检查、多反思，形成一定的规范，养成良好的职业习惯，相信能在较短的时间内找到"做校长"的感觉。

3. 道德权威

高尚的道德支撑校长成为师生信服的楷模。职业道德是校长在工作中处理与其他领导班子成员、教职员工、学生以及学生家长关系时应当遵守的基本准则。良好的职业道德不仅是保证校长工作有序有效进行的必要手段，而且其本身就是校长职业声望的重要组成部分。有权威的校长绝大多数都站在道德特别是职业道德的高地。

校长的道德权威来源于两个方面：

一是以身作则的行为风范。许多具有较高权威的校长都有这样的行为原则。"凡事要求师生员工做到的，自己首先做到。"正所谓："其身正，不令则行；其身不正，虽令不从。"① "为仁由己，而由人乎哉。"② 校长的治理行为可以分三个层次。第一层次是利己主义的，即校长在决策和治理时，首先想到的是这一决策是否有利于自身利益的获得或治理工作的方便；第二层次是互利的，即决策时既考虑自身的利益，也考虑治理对象的利益，努力在两者之间取得平衡；第三个层次是利他的，即决策时，首先考虑的是组织目标的顺利实现和治理对象的利益。也就是说，校长要想站到道德的高地上，就应努力走向第三个层次，不仅要按照法律法规和规章制度的要求公平地对待所治理的对象和事务，而且要按照更高的标准要求自己，表现出一定水准的利他主义的行为倾向，即"大家都不愿做的事我先做，大家都想要的利益我后要""吃苦在前，享受在后。"只有这样，校长的行为才有积极的范例和引领作用。墨子说："爱人者，人必从而爱之；利人者，人必从而利之；恶仁者，人必从而恶之；害人者，人必从而害之。"③

二是关爱师生的价值取向。中国古代思想家特别是儒家学者有倡导仁政的思想。仁政包括两个要点：一个是孔子所说的以礼为代表的秩序和规则，孔子说："克己复礼为仁。一日克己复礼，天下归仁焉。"④ 就是说校长要以"仁"来治理学校，首先要构建一套能较好平衡组织目标和师生利益的完整规章制度，并严格按照已确定的规章制度来治理学校。另一个是孔子、孟子所倡导的爱民、亲民思想。"樊迟问仁，子曰，爱人。"孟子提出治国理政要"以民为本"，主张"民为贵，社稷次之，君为轻"，并认为仁政对内能赢得人心，对外能赢得竞争的胜利，即所谓"仁者无敌"。如何将遵规和爱人两者结合起来，古人给我们做了很好的范例。《韩非子·外储说左下》有这样的记载："孔子相卫，弟子子皋为狱吏，刖人足，所刖者守门。人有恶孔子于卫君者，曰：尼欲作乱。"卫君欲执孔子。孔子走，弟子皆逃。子皋从出门，刖危引之而逃之门下室中，吏追不得。夜半，子皋问刖危曰："吾不能亏主之法令而亲刖子之足，是子报仇之时也，而子何故乃肯逃我？我何以得此于子？"刖危曰："吾断足也，固吾罪当之，不可奈何。然方公之狱治臣

---

① 该论点发表于《论校长的权威》中，指出校长的权威性来自职业声望和影响力，想要维持这样的影响力首先就要以身作则。

② 出自《论语·颜渊》。

③ 出自《墨子·兼爱中》。该句的意思是：爱别人的，别人也必然爱他；利于别人的，别人也必然利于他；憎恶别人的，别人也必然憎恶他；残害别人的，别人也必然残害他。

④ 出自《论语·颜渊》。该句是孔子关于什么是仁的主要解释。意思是克制自己，一切都照着礼的要求去做，这就是仁。一旦这样做了，天下的一切就都归于仁了。

也，公倾侧法令，先后臣以言，欲臣之免也甚，而臣知之。及狱决罪定，公慨然不悦，形于颜色，臣见又知之。非私臣而然也，夫天性仁心固然也。此臣之所以悦而德公也。"这段记载大意是说，孔子的弟子子皋在卫国做官时，曾判一个犯人刖刑。后来卫国动乱，子皋外逃时遇到了那个受过刖刑的守门人，那人帮助子皋避开了追捕。事后，子皋问："当初我不能破坏法令，曾用刑砍断了你的脚，现在是你报复我的好时机，你为什么还要帮助我？"那人回答："砍断我的脚，是因为我犯了罪。我知道，当初审判我时，您仔细揣摩法律，尽量在法令规定的范围内争取从轻处理。后来依规确定刑罚时，你很难过。您并不是偏袒我才这样做的。您有仁爱之心，才会这样对待一个犯人。这就是我情愿帮助您的原因。"可以设想，如果一个校长在处理事务中首先考虑的是组织和师生的切身利益，而且能以利他的原则严格要求自己，那么他的道德魅力一定会在师生的心目中有所增加。正如魏书生所说的："我不是站在学生对立面指挥、命令学生的长官，而是深入学生内心，辅导、帮助、协助他要求上进的那部分脑细胞成长、壮大、扩大范围的服务员。"

4．人格权威

优秀的人格特质是校长魅力的重要来源。校长首先是人，因此在决策和治理中对不同的事物表现出或喜或怒或哀或惧是正常的。但是校长又是领导者，肩负着带领教职员工和学生实现组织目标和构建良好校风的责任，因此优秀的校长不应当是随心所欲的性情中人，而应当是善于控制自己的情绪，并通过自身的理性表现把师生的情绪引导到积极方面的范例和引路人。"意志是意识的能动作用，是人为了一定的目的，自觉地组织自己的行为，并与克服困难相联系的心理过程。"[1] 意志品质主要表现为独立性、坚定性、果断性和自制力。由于校长组织教职员工和学生开展工作必定会遇到各种各样的困难，因此校长自身的意志品质对师生及员工具有强烈的影响力和感染力。如果遇到困难的时候，校长表现出坚定的意志，不怕挫折，敢于迎难而上，能理智地分析他人的合理意见，果断地做出决定，并能够持之以恒地坚持到底，就容易在师生中赢得威望。师生普遍反感的是那种遇事犹豫不决，反复无常，容易放弃的校长。针对校长工作的实际，校长的性格分为比较有利于决策与治理的和不太利于决策与治理的。例如：将主动观察型人格特征（自己的主见不易被环境所干扰）与被动感知型（易受环境影响和暗示）性格特征相比较，将冷静型性格特征与冲动型性格特征相比较，将敢于担当、负

---

① 袁书卷. 教育心理学［M］. 北京：北京师范大学出版社，2015.

责的性格特征与喜好敷衍塞责的性格特征相比较，将正直、敢于批评的性格特征与圆滑、怕得罪人的性格特征相比较，将认真的性格特征与马虎的性格特征相比较，将勤奋的性格特征与懒散的性格特征相比较，将勇于创新的性格特征与墨守成规的性格特征相比较，前者更有利于校长的决策与治理工作，也更容易在师生员工心目中赢得威望。不少心理学家都认为，人的情感、意志和性格等人格特质与其先天具有的气质类型有关，但又不等于人的气质类型，是人在各自特有的气质类型的基础上，通过不断观察、反思、修炼和实践的过程逐渐形成与发展起来的。因此，人格识别是校长选拔的重要内容之一，而良好人格的不断修炼又是校长培训和校长自我修养和自我提升的重要内容。

有这样一则故事：一天，猎人带着猎狗进山打猎，猎人发现了一只兔子，"砰"的一枪，兔子后腿中弹。猎人命令猎狗赶快去追兔子，猎狗在后面追，兔子在前面玩命地跑。一会儿，猎狗气喘吁吁地回来了，猎人问："兔子呢？"猎狗垂头丧气地说："主人，你不知道啊，那个兔子拼了命地跑，我追不上啊。"兔子跑回洞里，同伴问："你太厉害了，竟然能从猎狗嘴里逃脱？"兔子说："你不知道啊，我为了逃命是全力以赴地跑，而猎狗只是尽力而为在追啊！"

作为校长，我们进行的是培养人的工作，人的成长过程是不可逆的，所以我们在工作中不能只是"尽力而为"，而是要"全力以赴"，只有"全力以赴"才能治理好学校，才能有工作状态，才能有激情，才能产生光环效应，才能不误人子弟，才能无愧于"校长"这个称号。"全力以赴"也是校长人格权威修炼过程当中不可或缺的素质。

5. 决断权威

校长无论处于何种境地，都应具备准确判断事物的能力，审时度势，不失时机地拍板定案。这不仅有利于增加校长的权威性，也有利于抓住机遇，敲开一扇成功的大门。一个好的决策能够救活一个学校，一个成功的校长就是要做好决策。一个不会决策、缺乏判断能力的校长，绝不是一个合格的校长。所以校长的字典里没有"退缩"二字，永远不满足于现状，敢打敢拼才会赢，敢于承担责任，背水一战，学会根据角色需要变脸谱，要精于观察，把功夫用在灵活变化上。同时也要注意"过犹不及，水满则溢"的道理，遇喜不忘忧，决断时要讲究分寸，留有余地，不要处置过头。在以下这些情况时，需要校长的决断权威能力：第一，是非模糊时的决断。是非清楚时决断并不难，难的是是非曲直难辨时的决断，一件事情难以决断的时候也是人最苦恼的时候，如果判断有误，将造成负面的结果，在这种情况下最好退一步，心平气和地认真考虑好之后再做决定。古人云："凡事预则立，不预则废。"① 做好决断前的预测，如果是马上要决断的事情，可先听听其他员工的意见，这时再以闪电式决断处理。第二，终止某项工作时的决断。半途终止一件事是最难下决断的，对学校的发展或者某些方面可能会带来大影响的时候，应及时决断停止。有的校长碍于情面，总是千方百计想挽回、想保持，最后造成了非常大的负面影响。所以当断则断，不断必乱。第三，发展中的一些决断。发展中的决断比较容易做出，因为这事利弊已很清楚，问题是怎样做好发展的前期准备工作。第四，人事上的决断。人事上的决断，最重要的是不徇私情。用人的问题是一个非常重要的问题，一般的学校，人事上的判断往往首先考虑的是忠实，如果仅考虑是否忠实，把能力低下不能工作的人提升要职，就会造成恶果。毛泽东曾说过自己只抓两件事：一是出主意；二是用干部。其实，这也可以用于学校的领导者身上。为什么？因为一个学校的领导者也只有两件事要做好：一是拿主意，二是用好人。用人一定要讲原则，不能徇私情，这是一个很重要的问题。

那么，校长在决断时应注意哪些问题？第一，所谓决断，就是从各种可供选择的方案中权衡利弊，然后选取其一或综合成一，也就是说，决断的过程实际上是方案选优的过程，有比较才能有鉴别，而进行比较，则必须有两个以上的方案做前提。第二，防止非科学因素的干扰。方案选优时，应该有科学的态度，即只有一种标准，就是科学标准，对一切非科学因素的干扰，都要尽力排除。这种干扰主要来自两个方面，一种是校长自我的心理因素，另一种是某些来自外在的压力。比如多数人的意见较易被采纳，少数人的意见则较易被否决；对来自专家、权威的方案容易接受，对来自自己人或"无名小辈"的方案则容易轻视；对上级表个态的方案往往举手通过，而没有"后台"的方案，往往容易被冷落等。第三，坚持多标准，争取整体最优。凡是重大决策，都要涉及许多部门和专业，涉及多方面的标准和要求。所以校长在决断时，要从决策目标的总体要求出发，综合评价方案的优劣，争取实现多标准优化，并且选择适当的时机宣布你的决定是非常重要的。第四，善于平衡协调各种问题矛盾。在一项重要决策中，往往充满着许多矛盾。如何使这些矛盾得到统一、平衡和协调，这检验着校长是否具有处理复杂矛盾的领导艺术。第五，对于不同类型的决断，要有不同的思考原则。决策按其

---

① 出自西汉戴圣所著《礼记·中庸》。该句的意思是做任何事情，事前有准备就可以成功，没有准备就会失败。

所处条件不同分为若干类型，学校领导者在审定方案、做最后决策时，应有不同的考虑原则和注意重点，把注意力放在关键问题上。例如，对于确定性决策，既然结果比较有把握，那么决策就应选择最佳方案，并竭尽全力去争取实现最佳的效果。对于风险型决策，校长应着重注意，依据已知条件与可能结果的概率，选择最有希望的方案行动，同时准备必要的应对对策，以防不测。也就是说，要留有余地。要有保险手段，不可孤注一掷。对于不确定性的决策，则应"摸着石头过河"，不要过于自信，不可轻率莽撞，最好进行多方案试点，多积累一些经验。第六，要听取多方面意见。在方案抉择和优化时，在专家之间、不同部门之间，对某一方案常常会有不同的看法，有时甚至形成尖锐的意见对立。这种对立对于校长决断是完全必要的，因为任何一项好的决策，都不是从众口一词中得来的，而是以相互冲突的意见为基础，从不同观点和不同判断的选择中才产生的。因此，校长决断不应当采取封闭的形式，而应当敞开大门，广泛搜集各种意见，要重视决断的长远影响，使每个方案的利弊都得到显现，从而扬长避短，进一步优化方案。

五、 校长的待人处事之道

关键词解读 ▶ 待人处事之道

做人的学问是永远的难题，聪明人的做人之道总是多种多样的，他们善于以最能赢得人心的方式去处理人际关系，把各种难以调节的事情处理得圆满融洽。人际关系是门大学问，需要细心为之，才会有收获。要想人如何对你，你也如何对人吧，这是不变的法则。《淮南子·人间训》记载："事者难成而易败也，名者难立而易废也。千里之堤，以蝼蚁之穴漏；百寻之屋，以突隙之烟焚。尧诫曰：战战栗栗，日慎一日。"意思是：事业是难以成功而容易失败的，名誉是难以树立而容易损坏的。千里长堤，常常因为蝼蛄、蚂蚁之穴而泄漏；百寻高的大厦，常常因为烟囱缝隙的火苗而焚坏。所以尧告诫说："恐惧戒慎，一天比一天小心。"因此，为人处事一定要谨慎，一个小小的失误往往会酿成大的祸端，故不可等闲视之。所以天下之事本无难题，只有自己能计划好自己，运作好自己，才能不过多地被外人外事干扰。

锦囊妙解

俗话说，不能服众者必不能成大事，作为学校校长，需要有团结人才、组织人才的能力，能够以宽阔的胸怀宽容人，以坦荡的胸怀团结人，担负起中层和教师的责任。古人说："己所不欲，勿施于人。"① 学校这个大摊子每时每刻都在涌现着新问题，除了敏锐而又细致地体察实际情况，实事求是地解开每一个症结，就没有高谈阔论、把玩概念的余地。只要坚守着自身的人格原则，很多看似对立的观点都可相容相依，一一点化成合理的存在。人际关系永远是双向的，需尊重每一位领导，但是不投靠；需善待每一位朋友，但是不拉帮结派。成也萧何，败也萧何，搞拉拉扯扯得便宜的人，将来多半会栽在拉拉扯扯上。你团结了一小撮，你就得罪了大多数。

在这里从"友善""温和""包容""真诚"几个关键词来谈谈校长如何做好待人处事。

1. 以友善之心待人

哲学家培根说："友谊对人生是不可缺少的。"如果没有友情，生活就不会有悦耳的和音，在没有友谊和仁爱的人群中生活，那种苦闷正犹如一句古代拉丁谚语所说：一座城市如同一片旷野，人们的面目淡如一张图案，人们的语言则不过是一片噪音。因此古人说：朋友就是人的第二个"我"。达到友善的品质和做法是：乐观生活，真诚为人，一旦许诺就要兑现；尽量不用冒犯他人的语言，但该唱黑脸时，恰如其分地唱黑脸；对人类的天性包括恐惧、缺陷、期望和爱好，要深刻地了解；把自己摆到别人的位置，设身处地从他人角度看待问题；意识到人类的意见有千万种，而自己的意见只不过是其中一种；迅速了解什么有利于事物的发展，并为此做出必要的妥协和让步，妥协和让步并不失原则，对待一些棘手难缠之事，可以通过稳住对方，巧妙地应对，赢取时间，拿出解决问题的方法；拥有发自内心深处的真正的友善，即便是你的仇敌也会感受到你内在的良好意愿。

2. 以温和之心待人

在生活工作中，人都有难堪的时候、做错事的时候、有求于人的时候，如果这时你处在有理的一方、得势的一方、管束人或裁决者的一方，你会怎

---

① 出自《论语·卫灵公篇》。意思是如果自己都不希望被人此般对待，推己及人，自己也不要那般待人。

么做呢？尤其是他们的那些错误或什么事情牵扯到你的利益时，甚或他们与你有着深仇大恨时，你会怎么做？总的来说，不苛责人，不难为人，得饶人处且饶人，人情是一笔财富，这样不仅会减少矛盾，让人感激，也会提升自己的善良品质，甚至会形成一种良好的社会风气。

3. 以包容之心待人

在处理与学校教职员工的关系时，需要秉承以下四条原则：第一，校长宜恤。职场上一般都要求管理层能"体恤"下级。体，是体察，恤，是悯恤。也就是说上级对下级应以爱护、关心为主。第二，校长宜严。依循原则，该严则严，严而有度。第三，校长宜宽。宽容是治心的根本，宽容能够得人心，宽容能够顺应民意。校长要有雅量，屈而有度，不卑不亢，克服狭隘心理。不要要求别人跟自己一样，不吹毛求疵，不怀恨。要试着站在别人的角度想问题。第四，校长宜忍。"小不忍则乱大谋"，忍一时一事，也许能做得到，但要忍一辈子，却需要非常大的毅力和恒心，忍是一种修为，也是一门艺术。

4. 以真诚之心待人

真诚是指个体了解自我，拥有个人的思想与体验（包括情感，需要、偏好、信念及价值观等），并按照自己的真实想法行事。真诚并不是个人与生俱来的内在品质，而是由他人归因于个体的一种特征，因而是一种关于关系的现象。真诚主要包含4个成分：（1）自我认知，指个体对自己的动机、情感、价值观及个人特征的知觉与意识。（2）无偏见或平衡加工，指主体在对与自我相关的信息进行加工和理解时，能够做到客观、理性。（3）真诚行为，指个人以一种与其真我相一致的方式行事。真诚行事意味着个人的行为与其价值观、偏好及需要具有高度一致性。（4）关系真诚性或透明性，指个体重视并努力达到关系中的坦率、真诚，是一种自我展现和发展相互亲密及信任的积极过程。真诚领导是一种将领导者的人生经历，积极心理能量、道德观念与高度发展的支持性组织气氛结合起来发挥作用的过程。这种过程将形成和促进领导者及下属更高水平的自我认知与积极的自我调节行为，并将促成领导者更好的个人成长和自我发展，最终达成具体而长期的绩效表现。

参 考 文 献

[1] 范蕊. "教育就是忘记了在学校所学的一切之后剩下的东西"：从爱因斯坦《论教育》中想到的 [J]. 教书育人，2004（5）：8-9.

[2] 陈家斌. 论杜威教育哲学的思维方式：兼论基础教育课程改革 [J]. 湖南师范大学教育科学学报，2008（4）：81-86.

[3] 叶澜. 教师职业的本质 [J]. 教育科学论坛，2002（2）：1.

[4] 胡继雄. 学校管理要以激发教师创造力为核心：学校管理工作的实践与思考 [J]. 科学咨询·教育科研，2010（6）：18.

[5] 霍尔. 信任的真相 [M]. 宫照丽，译. 上海：东方出版社，2010.

[6] 陈宝生. 让教师成为让人羡慕的职业——深入学习贯彻习近平总书记在八一学校看望慰问师生时的重要讲话精神[EB/OL]. http://opinion.people.com.cn/n1/2016/1208/c1003-28933292.html.

[7] 王会萍. 真教育是心心相印的活动 [J]. 学周刊，2013（13）：130.

[8] 李芳. 思想政治教师的教学方法艺术略析 [J]. 中学政治教学参考，2012（36）：22-23.

[9] 孙烨，曾天一，刘智英. 职业生涯规划的若干问题论略 [J]. 经济研究导刊，2009（5）：76-77.

[10] 刘建军. 教育的秘诀在于尊重学生 [J]. 教学与管理（太原），2006（1）：16-17.

[11] 陈蓉蓉. 深化党和国家机构改革是推进国家治理体系和治理能力现代化的必然要求 [EB/OL]. https://baijiahao.baidu.com/s?id=1594698932597902306&wfr=spider&for=pc.

[12] 高阳. 胡雪岩全传 [M]. 上海：文汇出版社，2018.

[13] 巴金. 说真话 [M]. 北京：中国工人出版社，2010：204.

[14] 李军艳. 挖掘乡土资源，开发校本课程 [J]. 好家长，2017（11）：84.

[15] 葛边疆. 构建核心价值观　提升学校软实力 [J]. 中小学校长，2012（1）：91-92.

[16] 江雪梅，褚宏启. 学校发展过程研究 [J]. 教育理论与实践，2011 (13).

[17] 张梦陵. 义务教育学校教师绩效考核的问题和对策研究 [D]. 长沙：湖南师范大学，2011.

[18] 李飞. 价值共享：提升教师团队凝聚力的新视角 [J]. 思想理论教育，2010 (10)：9 – 14.

[19] 宫天宇. 翁格玛利效应 [J]. 中国邮政，2005 (6)：39.

[20] 姜洋，马振峰. 浅谈"传帮带"在高职青年教师培养中的作用 [J]. 辽宁高职学报，2011 (1)：87 – 89.

[21] 王希，朱东敏. 提高教员综合素质　增强教员育人能力 [J]. 山东文学，2009 (A4)：153 – 154.

[22] 施文龙. 论学校管理中可持续发展的激励策略 [J]. 现代教育论丛，1999 (1)：34 – 35.

[23] 柯翔武. 团结协作　确定目标　科学管理　开拓进取 [J]. 福建教育学院学报，2007 (5)：63 – 64.

[24] 徐红霞. 立足案例　关注细节　彰显个性："论坛式"研训模式例谈 [J]. 教学月刊：小学版（综合），2014 (1)：6 – 10.

[25] 马少兵. 重点高中相关利益主体博弈分析 [J]. 教学与管理，2009 (2)：5 – 7.

[26] 乔世伟. 培养骨干教师的几点做法 [J]. 现代教学，2010 (6)：18.

[27] 余惠先，黄孝山. 教师培训如何激发教师专业发展的内驱力 [J]. 高等继续教育学报，2016 (3)：35 – 39.

[28] 陈华. 浅谈管理中的"沟通" [J]. 江苏企业管理，2015 (11)：37.

[29] 赵琼，吴岚. 高校精细化教学管理的探索与实践 [J]. 河北职业教育，2008 (11)：128.

[30] 梁再富. 苟日新，日日新，又日新：论培养学生习惯的重要性 [J]. 读天下，2016 (20)：299.

[31] 马利克. 管理成就生活 [M]. 李亚，等译. 北京：机械工业出版社，2009.

[32] 邬移生. 对熊彼特创新理论的解读 [J]. 现代企业教育，2008 (24)：169 – 170.

[33] 李仙. 永不屈服！——温斯顿·丘吉尔逝世 50 周年人物素材解读及运用 [J]. 求学，2015 (19)：34 – 37.

[34] 王蒙. 集中时间和精力也是一种天才 [J]. 现代教育，2004 (9)：1.

[35] 丁叶谦. 成功，在于坚持 [J]. 初中生世界：九年级，2015 (12)：1.

[36] 华建东，张烨. 校长专业化："教育家办学"的制度赋予与实践衍生 [J]. 华人时刊（校长版），2015 (7)：88 – 89.

[37] 杨长兵. 一名好校长应具备的素质［J］. 甘肃教育, 2015（15）: 23.

[38] 王铁军. 校长的境界决定学校的境界［J］. 新课程（综合版）, 2012（1）: 1.

[39] 袁书卷. 教育心理学［M］. 北京: 北京师范大学出版社, 2015.

[40] 宋新影. 重评托马斯·卡莱尔的历史思想［D］. 济南: 山东大学, 2005.

[41] 岑家辉. 协调处理教师之间冲突的个案研究［J］. 中小学校长, 2007（11）: 65-66.

[42] 坎菲尔德, 沃特金. 吸引力法则［M］. 张彩, 译. 北京: 中国城市出版社, 2009.

[43] 杨朝, 孙金枝. 当前形势下的教师惩戒权［J］. 河北教育（综合版）, 2007（1）: 16-18.

[44] 吴善明. 体罚学生不该被禁止, 而是要规范［J］. 中国教育在线论坛, 2005（9）: 29.

[45] 陈胜祥. "教师惩戒权"的概念辨析［J］. 教师教育研究, 2005（1）: 74-77.

[46] 王小青. 论彼得·德鲁克的管理沟通理论与高校师生关系的调谐［J］. 煤炭高等教育, 2012（5）: 25-29.

[47] 宋振宁. 没有执行, 一切将成为空谈!［J］. 全国新书目, 2003（3）: 15.

[48] 张怀君. 学校治理亟需提高教育规范的执行力［J］. 天津教育, 2014（7）: 15.

[49] 杨存艳. 谈德育中的责任心教育［J］. 小作家选刊: 教学交流旬刊, 2011（1）: 15.

[50] 程晓峰. 试论领导者授权［J］. 理论与改革, 1999（6）: 83-84.

[51] 国家职业分类大典和职业资格工作委员会. 中华人民共和国职业分类大典［M］. 北京: 中国劳动社会保障出版社, 1999.

[52] 教育部. 义务教育学校校长专业标准［S］. 国发〔2012〕41号, 2012.

[53] 郑扬. 真诚领导理论研究［D］. 南京: 南京师范大学, 2012.

[54] 傅维利, 于开文. 论校长权威［J］. 教育科学, 2015（3）: 1-5.

[55] 刘余莉. "其身正, 不令而行; 其身不正, 虽令不从"［J］. 中国纪检监察, 2016（4）: 54.

[56] 冯丽丽. 论孔子"为仁由己"的教育思想及其现代价值［J］. 学理论, 2011（3）: 85-86.